Level 3

¡Avancemos!

Unit 8 Resource Book

HOLT McDOUGAL
a division of Houghton Mifflin Harcourt

Fine Art Acknowledgments

Page 69 *The Onyx of Electra* (1944), Roberto Matta-Echaurren. Oil on canvas, 50 1/8″ x 6″. The Museum of Modern Art, New York, NY. Anonymous Fund. (963.1979) Digital Image © The Museum of Modern Art/Licensed by Scala/Art Resource, NY.

Page 70 *El Río Cachapoal* (1870), Antonio Smith. Oil on canvas, 100 cm x 146 cm. Courtesy of Museo Nacional de Bellas Artes, Chile.

Page 71 *Laguna de Aculeo* (1878), Onofre Jarpa. Oil on canvas, 86 cm x 150 cm. Courtesy of Museo Nacional de Bellas Artes, Chile.

Page 72 *The Florist* (1995), María Eugenia Terrazas. Watercolor. Kactus Foto/SuperStock.

ISBN-13: 978-0-618-75370-3
ISBN-10: 0-618-75370-2   5 6 7 8 1689 14 13 12
4500343974
Internet: www.holtmcdougal.com

HOLT McDOUGAL

¡Avancemos!

Table of Contents

To the Teacher . . . . vi–xii
Tips for Students . . . . xiii–xv

DID YOU GET IT? RETEACHING AND PRACTICE COPYMASTERS
Lección 1 1–11
Lección 2 12–22
Answer Key 23–28

PRACTICE GAMES
Lección 1 29–36
Lección 2 37–44
Answer Key 45–48

VIDEO ACTIVITIES COPYMASTERS
El Gran Desafío 49–50
Answer Key 51

VIDEO SCRIPTS 52

AUDIO SCRIPTS
Lección 1 53–57
Lección 2 58–64

MAP/CULTURE ACTIVITIES 65–66
Answer Key 67

FINE ART ACTIVITIES
Lección 1 69–70
Lección 2 71–72
Answer Key 73

FAMILY LETTER 75

FAMILY INVOLVEMENT ACTIVITY 76

ABSENT STUDENT COPYMASTERS
Lección 1 77–84
Lección 2 85–95

To the Teacher

Welcome to *¡Avancemos!* This exciting new Spanish program from McDougal Littell has been designed to provide you—the teacher of today's foreign language classroom—with comprehensive pedagogical support.

PRACTICE WITH A PURPOSE

Activities throughout the program begin by establishing clear goals. Look for the **¡Avanza!** arrow that uses student-friendly language to lead the way towards achievable goals. Built-in self-checks in the student text (**Para y piensa:** Did you get it?) offer the chance to assess student progress throughout the lesson. Both the student text and the workbooks offer abundant leveled practice to match varied student needs.

CULTURE AS A CORNERSTONE

¡Avancemos! celebrates the cultural diversity of the Spanish-speaking world by motivating students to think about similarities and contrasts among different Spanish-speaking cultures. Essential questions encourage thoughtful discussion and comparison between different cultures.

LANGUAGE LEARNING THAT LASTS

The program presents topics in manageable chunks that students will be able to retain and recall. "Recycle" topics are presented frequently so students don't forget material from previous lessons. Previously learned content is built upon and reinforced across the different levels of the program.

TIME-SAVING TEACHER TOOLS

Simplify your planning with McDougal Littell's exclusive teacher resources: the all-inclusive EasyPlanner DVD-ROM, ready-made Power Presentations, and the McDougal Littell Assessment System.

Unit Resource Book

Each Unit Resource Book supports a unit of *¡Avancemos!* The Unit Resource Books provide a wide variety of materials to support, practice, and expand on the material in the *¡Avancemos!* student text.

Components **Following is a list of components included in each Unit Resource Book:**

BACK TO SCHOOL RESOURCES (UNIT 1 ONLY)

Review and start-up activities to support the **Lección preliminar** of the textbook.

DID YOU GET IT? RETEACHING & PRACTICE COPYMASTERS

If students' performance on the **Para y piensa** self-check for a section does not meet your expectations, consider assigning the corresponding Did You Get It? Reteaching and Practice Copymasters. These copymasters provide extensive reteaching and additional practice for every vocabulary and grammar presentation section in *¡Avancemos!* Each vocabulary and grammar section has a corresponding three-page copymaster. The first page of the copymaster reteaches the subject material in a fresh manner. Immediately following this presentation page are two pages of practice exercises that help the student master the topic. The practice pages have engaging contexts and structures to retain students' attention.

PRACTICE GAMES

These games provide fun practice of the vocabulary and grammar just taught. They are targeted in scope so that each game practices a specific area of the **lesson**: *Práctica de vocabulario*, *Vocabulario en contexto*, *Práctica de gramática*, *Gramática en contexto*, *Todo junto*, *Repaso de la lección*, and the lesson's cultural information.

Video and audio resources

VIDEO ACTIVITIES

These two-page copymasters accompany the Vocabulary Video and each scene of the **Telehistoria** in Levels 1 and 2 and the **Gran desafío** in Level 3. The pre-viewing activity asks students to activate prior knowledge about a theme or subject related to the scene they will watch. The viewing activity is a simple activity for students to complete as they watch the video. The post-viewing activity gives students the opportunity to demonstrate comprehension of the video episode.

VIDEO SCRIPTS

This section provides the scripts of each video feature in the unit.

AUDIO SCRIPTS

This section contains scripts for all presentations and activities that have accompanying audio in the student text as well as in the two workbooks (*Cuaderno: práctica por niveles* and *Cuaderno para hispanohablantes*) and the assessment program.

Culture resources

MAP/CULTURE ACTIVITIES

This section contains a copymaster with geography and culture activities based on the Unit Opener in the textbook.

FINE ART ACTIVITIES

The fine art activities in every lesson ask students to analyze pieces of art that have been selected as representative of the unit location country. These copymasters can be used in conjunction with the full-color fine art transparencies in the Unit Transparency Book.

Home-school connection

FAMILY LETTERS & FAMILY INVOLVEMENT ACTIVITIES

This section is designed to help increase family support of the students' study of Spanish. The family letter keeps families abreast of the class's progress, while the family involvement activities let students share their Spanish language skills with their families in the context of a game or fun activity.

ABSENT STUDENT COPYMASTERS

The Absent Student Copymasters enable students who miss part of a **lesson** to go over the material on their own. The checkbox format allows teachers to choose and indicate exactly what material the student should complete. The Absent Student Copymasters also offer strategies and techniques to help students understand new or challenging information.

Core Ancillaries in the ¡Avancemos! Program

Leveled workbooks

CUADERNO: PRÁCTICA POR NIVELES

This core ancillary is a leveled practice workbook to supplement the student text. It is designed for use in the classroom or as homework. Students who can complete the activities correctly should be able to pass the quizzes and tests. Practice is organized into three levels of difficulty, labeled A, B, and C. Level B activities are designed to practice vocabulary, grammar, and other core concepts at a level appropriate to most of your students. Students who require more structure can complete Level A activities, while students needing more of a challenge should be encouraged to complete the activities in Level C. Each level provides a different degree of linguistic support, yet requires students to know and handle the same vocabulary and grammar content.

The following sections are included in *Cuaderno: práctica por niveles* for each **lesson**:

Vocabulario A, B, C	Escuchar A, B, C
Gramática 1 A, B, C	Leer A, B, C
Gramática 2 A, B, C	Escribir A, B, C
Integración: Hablar	Cultura A, B, C
Integración: Escribir	

CUADERNO PARA HISPANOHABLANTES

This core ancillary provides leveled practice for heritage learners of Spanish. Level A is for heritage learners who hear Spanish at home but who may speak little Spanish themselves. Level B is for those who speak some Spanish but don't read or write it yet and who may lack formal education in Spanish. Level C is for heritage learners who have had some formal schooling in Spanish. These learners can read and speak Spanish, but may need further development of their writing skills. The *Cuaderno para hispanohablantes* will ensure that heritage learners practice the same basic grammar, reading, and writing skills taught in the student text. At the same time, it offers additional instruction and challenging practice designed specifically for students with prior knowledge of Spanish.

The following sections are included in *Cuaderno para hispanohablantes* for each **lesson**:

Vocabulario A, B, C	Integración: Hablar
Vocabulario adicional	Integración: Escribir
Gramática 1 A, B, C	Lectura A, B, C
Gramática 2 A, B, C	Escritura A, B, C
Gramática adicional	Cultura A, B, C

Other Ancillaries

ASSESSMENT PROGRAM

For each level of *¡Avancemos!*, there are four complete assessment options. Every option assesses students' ability to use the lesson and unit vocabulary and grammar, as well as assessing reading, writing, listening, speaking, and cultural knowledge. The on-level tests are designed to assess the language skills of most of your students. Modified tests provide more support, explanation and scaffolding to enable students with learning difficulties to produce language at the same level as their peers. Pre-AP* tests build the test-taking skills essential to success on Advanced Placement tests. The assessments for heritage learners are all in Spanish, and take into account the strengths that native speakers bring to language learning.

In addition to leveled lesson and unit tests, there is a complete array of vocabulary, culture, and grammar quizzes. All tests include scoring rubrics and point teachers to specific resources for remediation.

UNIT TRANSPARENCY BOOKS—1 PER UNIT

Each transparency book includes:

- Map Atlas Transparencies (Unit 1 only)
- Unit Opener Map Transparencies
- Fine Art Transparencies
- Vocabulary Transparencies
- Grammar Presentation Transparencies
- Situational Transparencies with Label Overlay (plus student copymasters)
- Warm Up Transparencies
- Student Book and Workbook Answer Transparencies

LECTURAS PARA TODOS

A workbook-style reader, *Lecturas para todos*, offers all the readings from the student text as well as additional literary readings in an interactive format. In addition to the readings, they contain reading strategies, comprehension questions, and tools for developing vocabulary.

There are four sections in each *Lecturas para todos*:

- *¡Avancemos!* readings with annotated skill-building support
- *Literatura adicional*—additional literary readings
- Academic and Informational Reading Development
- Test Preparation Strategies

* AP and the Advanced Placement Program are registered trademarks of the College Entrance Examination Board, which was not involved in the production of and does not endorse this product.

LECTURAS PARA HISPANOHABLANTES

Lecturas para hispanohablantes offers additional cultural readings for heritage learners and a rich selection of literary readings. All readings are supported by reading strategies, comprehension questions, tools for developing vocabulary, plus tools for literary analysis.

There are four sections in each *Lecturas para hispanohablantes*:

- *En voces* cultural readings with annotated skill-building support
- *Literatura adicional*—high-interest readings by prominent authors from around the Spanish-speaking world. Selections were chosen carefully to reflect the diversity of experiences Spanish-speakers bring to the classroom.
- Bilingual Academic and Informational Reading Development
- Bilingual Test Preparation Strategies, for success on standardized tests in English

COMIC BOOKS

These fun, motivating comic books are written in a contemporary, youthful style with full-color illustrations. Each comic uses the target language students are learning. There is one 32-page comic book for each level of the program.

TPRS: TEACHING PROFICIENCY THROUGH READING AND STORYTELLING

This book includes an up-to-date guide to TPRS and TPRS stories written by Piedad Gutiérrez that use *¡Avancemos!* lesson-specific vocabulary.

MIDDLE SCHOOL RESOURCE BOOK

- Practice activities to support the 1b Bridge lesson
- Diagnostic and Bridge Unit Tests
- Transparencies
  - Vocabulary Transparencies
  - Grammar Transparencies
  - Answer Transparencies for the Student Text
  - Bridge Warm Up Transparencies
- Audio CDs

LESSON PLANS

- Lesson Plans with suggestions for modifying instruction
- Core and Expansion options clearly noted
- IEP suggested modifications
- Substitute teacher lesson plans

BEST PRACTICES TOOLKIT

Strategies for Effective Teaching

- Research-based Learning Strategies
- Language Learning that Lasts: Teaching for Long-term Retention
- Culture as a Cornerstone/Cultural Comparisons
- English Grammar Connection
- Building Vocabulary
- Developing Reading Skills
- Differentiation
- Best Practices in Teaching Heritage Learners
- Assessment (including Portfolio Assessment, Reteaching and Remediation)
- Best Practices Swap Shop: Favorite Activities for Teaching Reading, Writing, Listening, Speaking
- Reading, Writing, Listening, and Speaking Strategies in the World Languages classroom
- ACTFL Professional Development Articles
- Thematic Teaching
- Best Practices in Middle School

Using Technology in the World Languages Classroom

Tools for Motivation

- Games in the World Languages Classroom
- Teaching Proficiency through Reading and Storytelling
- Using Comic Books for Motivation

Pre-AP and International Baccalaureate

- International Baccalaureate
- Pre-AP

Graphic Organizer Transparencies

- Teaching for Long-term Retention
- Teaching Culture
- Building Vocabulary
- Developing Reading Skills

Absent Student Copymasters—Tips for Students

LISTENING TO CDS AT HOME

- Open your text, workbook, or class notes to the corresponding pages that relate to the audio you will listen to. Read the assignment directions if there are any. Do these steps before listening to the audio selections.

- Listen to the CD in a quiet place. Play the CD loudly enough so that you can hear everything clearly. Keep focused. Play a section several times until you understand it. Listen carefully. Repeat aloud with the CD. Try to sound like the people on the CD. Stop the CD when you need to do so.

- If you are lost, stop the CD. Replay it and look at your notes. Take a break if you are not focusing. Return and continue after a break. Work in short periods of time: 5 or 10 minutes at a time so that you remain focused and energized.

QUESTION/ANSWER SELECTIONS

- If there is a question/answer selection, read the question aloud several times. Write down the question. Highlight the key words, verb endings, and any new words. Look up new words and write their meaning. Then say everything aloud.

- One useful strategy for figuring out questions is to put parentheses around groups of words that go together. For example: **(¿Cuántos niños)(van)(al estadio)(a las tres?)** Read each group of words one at a time. Check for meaning. Write out answers. Highlight key words and verb endings. Say the question aloud. Read the answer aloud. Ask yourself if you wrote what you meant.

- Be sure to say everything aloud several times before moving on to the next question. Check for spelling, verb endings, and accent marks.

FLASHCARDS FOR VOCABULARY

- If you have Internet access, go to ClassZone at classzone.com. All the vocabulary taught in *¡Avancemos!* is available on electronic flashcards. Look for the flashcards in the *¡Avancemos!* section of ClassZone.

- If you don't have Internet access, write the Spanish word or phrase on one side of a 3″×5″ card, and the English translation on the other side. Illustrate your flashcards when possible. Be sure to highlight any verb endings, accent marks, or other special spellings that will need a bit of extra attention.

GRAMMAR ACTIVITIES

- Underline or highlight all verb endings and adjective agreements. For example:
  Nosotros comemos pollo rico.

- Underline or highlight infinitive endings: **trabajar**.

- Underline or highlight accented letters. Say aloud and be louder on the accented letters. Listen carefully for the loudness. This will remind you where to write your accent mark. For example: **lápiz, lápices, árbol, árboles**

- When writing a sentence, be sure to ask yourself, "What do I mean? What am I trying to say?" Then check your sentence to be sure that you wrote what you wanted to say.

- Mark patterns with a highlighter. For example, for stem-changing verbs, you can draw a "boot" around the letters that change:

vuelvo	volvemos
vuelves	volvéis
vuelve	vuelven

READING AND CULTURE SECTIONS

- Read the strategy box. Copy the graphic organizer so you can fill it out as you read.

- Look at the title and subtitles before you begin to read. Then look at and study any photos and read the captions. Translate the captions only if you can't understand them at all. Before you begin to read, guess what the selection will be about. What do you think that you will learn? What do you already know about this topic?

- Read any comprehension questions before beginning to read the paragraphs. This will help you focus on the upcoming reading selection. Copy the questions and highlight key words.

- Reread one or two of the questions and then go to the text. Begin to read the selection carefully. Read it again. On a sticky note, write down the appropriate question number next to where the answer lies in the text. This will help you keep track of what the questions have asked you and will help you focus when you go back to reread it later, perhaps in preparation for a quiz or test.

- Highlight any new words. Make a list or flashcards of new words. Look up their meanings. Study them. Quiz yourself or have a partner quiz you. Then go back to the comprehension questions and check your answers from memory. Look back at the text if you need to verify your answers.

PAIRED PRACTICE EXERCISES

- If there is an exercise for partners, practice both parts at home.
- If no partner is available, write out both scripts and practice both roles aloud. Highlight and underline key words, verb endings, and accent marks.

WRITING PROJECTS

- Brainstorm ideas before writing.
- Make lists of your ideas.
- Put numbers next to the ideas to determine the order in which you want to write about them.
- Group your ideas into paragraphs.
- Skip lines in your rough draft.
- Have a partner read your work and give you feedback on the meaning and language structure.
- Set it aside and reread it at least once before doing a final draft. Double-check verb endings, adjective agreements, and accents.
- Read it once again to check that you said what you meant to say.
- Be sure to have a title and any necessary illustrations or bibliography.

Did You Get It? *Presentación de vocabulario*

> **¡AVANZA!**   **Goal:**   Learn new words that you can use to discuss and critique literature.

Discussing literature

Rosa has a lot of friends with one thing in common: they all love to read. They decided to create a Book Club so that they can share their impressions and talk about books they like. Read on to see what the different members of the club have to say.

Rosa: My favorite literary genre **(género literario)** is the romantic short story **(cuento romántico).** Usually, the protagonists **(los protagonistas)** are a couple who fight against all odds to be together. I particularly like that the ending **(desenlace)** is usually a happy one. I don´t have a favorite author **(autor)**; there are too many good authors of short stories **(cuentos)** to choose just one!

Arturo: I like books that reflect reality **(la realidad)** and historical events **(los sucesos históricos).** Usually, the theme **(el tema)** is presented from the point of view **(el punto de vista)** of the author. Things are usually clear in these books, and you don´t need to infer **(inferir)** anything. The first chapter **(capítulo)** gives you information such as background events **(antecedentes)** so that you are able to relate **(relacionar)** the information presented with what you already know. The context **(el contexto)** can vary, and many times there is no climax **(clímax),** but this is still my favorite style **(estilo).**

Jorge: I love the works of Pablo Neruda. I like his prose **(prosa)** and his poetry **(poesía).** His rhymes **(rimas)** are so original, and sometimes when you read his poems **(poemas)** out loud, you can feel the rhythm **(el ritmo)** as you go from one verse **(verso)** to another. Sometimes he writes long stanzas **(estrofas),** and at other times they are short and full of metaphors **(metáforas)** and word plays that mean **(significan)** different things to different readers. You use what he implies **(él implica)** and relate it to your own life and experiences. My favorite is called **(se titula)** *Veinte poemas de amor y una canción desesperada.*

María: The novel **(novela)** I´m reading now is very sad. Sometimes I also read essays **(ensayos),** but I find them difficult, especially those by Borges. There are so many similes **(símiles)** that symbolize **(simbolizan)** so many things that I get confused! I prefer to read about events **(sucesos)** that could happen in real life.

Ángel: I like satire **(sátira)** but I read all kinds of things. Right now, I´m reading the autobiography **(autobiografía)** of the Dalai Lama. The book narrates **(narra)** the life of this amazing man. It gives an analysis **(análisis)** of the events that created the current situation in Tibet. As soon as **(tan pronto como)** I finish reading this, I want to read the biography **(biografía)** of another famous personality, maybe the one about Princess Diana. As soon as **(en cuanto)** I´m done with that one, I'll try to write a review **(reseña)** of both for the school newspaper.

Did You Get It? *Práctica de vocabulario*

> ¡AVANZA!   **Goal:**   Learn new words that you can use to discuss and critique literature.

❶ Based on the information given, which is the best choice for a person who likes . . .

1. romantic stories with happy endings?

una autobiografía   un cuento romántico

2. dramas and stories where the author narrates in a clear style?

una novela   un ensayo

3. writers such as García Lorca and Neruda?

una biografía   un libro de poemas

4. stories, satire, and anything related to symbolism?

ensayos y poesía   cuentos románticos

5. stories about princesses and dragons?

un ensayo   un cuento

6. reading about the life of a person written by the person him/herself?

una biografía   una autobiografía

❷ Complete each dialogue with a word from the box.

autor	capítulos	estilo	poema	romántico	biografía	desenlace

1. —¿Te gusta este _____?

—Sí, me gusta el ritmo y la rima de los versos.

2. —¿Cuántos _____ tiene la novela que estás leyendo?

—Tiene catorce y todos son largos.

3. —¿Has leído la última _____ sobre Thomas Jefferson?

—Sí, el libro tiene detalles muy interesantes de su vida.

4. —¿Quieres que te compre un cuento _____ para tu cumpleaños?

—Sí, ¡me gusta leer historias de amor!

5. —¿Te gustó la última novela que leíste?

—Sí, tenía un _____ muy interesante.

6. —¿Quién escribió esa novela?

—No sé quién era el _____ .

7. —¿Te gusta el _____ de este autor?

—Sí, escribe en una prosa muy clara.

❸ Complete the following sentences to tell what the people you know like to read and why.

1. A mi papá le gusta leer _____

   porque _____.

2. A mi mamá le gusta leer _____

   porque _____.

3. A mi hermano(a) le gusta leer _____

   porque _____.

4. A mi mejor amigo(a) le gusta leer _____

   porque _____.

5. A mi abuelo(a) le gusta leer _____

   porque _____.

❹ Answer the following questions in complete sentences to tell about yourself.

1. ¿Quién es tu autor(a) favorito(a)?

   _____

2. ¿Cuál es tu género literario favorito?

   _____

3. ¿Cuál es tu poema favorito?

   _____

4. ¿Cuál fue la última novela que leíste?

   _____

Did You Get It? *Presentación de gramática*

UNIDAD 8 Lección 1

Reteaching and Practice

> **¡AVANZA!** **Goal:** Learn about the past progressive tenses.

PAST PROGRESSIVE TENSES

- Read the following sentences. In what tense are the boldfaced verbs?

   ¿Qué **estás haciendo**?   **Estoy haciendo** la tarea.
   *(What **are you doing?**)*   *(I **am doing** homework.)*

EXPLANATION: The boldfaced verbs are in the *present progressive* tense and emphasize that a present action is in progress. They are formed with the present tense of **estar** and the present participle of the main verb.

- Read these sentences, paying attention to the boldfaced verbs and their meanings.

   ¿Qué **estabas leyendo**?   **Estaba leyendo** un libro de poemas.
   *(What **were you reading?**)*   *(I **was reading** a poetry book.)*

EXPLANATION: The boldfaced verbs are in the *past progressive* tense. They say that an action *was* in progress. The past progressive is formed with the imperfect of **estar** and the present participle of the main verbs.

- Read this sentence, paying attention to the boldfaced verbs.

   Estaba leyendo cuando me **viste** en el parque.
   *(I **was reading** when you **saw** me in the park.)*

EXPLANATION: The first verb is in the *past progressive* and the second one is in the *preterite*. The sentence expresses an action in progress that was interrupted.

- Read these sentences, paying attention to the boldfaced verb.

   Estuvimos estudiando toda la tarde.
   *(We **were studying** all afternoon.)*

EXPLANATION: To say that an action continued for a period of time and then came to an end, use the *preterite* of **estar** plus the present participle of the main verb.

- Read this sentence, paying attention to the boldfaced verbs.

   Cuando **te fuiste** a la fiesta, yo **seguí viendo** la televisión.
   *(When you **left** for the party, **I continued watching** TV.)*

EXPLANATION: Use a preterite form of the verbs **continuar**, **seguir**, or **quedarse** with the *present participle* to emphasize the continuation or start of an ongoing action.

Did You Get It? *Práctica de gramática*

> **¡AVANZA!**   **Goal:**   Learn about the past progressive tenses.

❶ Rewrite each sentence with the verb in the past progressive. Follow the model.

Modelo: Ana (leer) un libro de poemas.
   Ana estaba leyendo un libro de poemas.

1. Luisa (escribir) un análisis literario sobre su libro favorito.

_____

2. Andrea y Pedro (comprar) regalos para sus amigos en la librería central.

_____

3. Mi amigo y yo (mirar) la película de «El cartero», sobre la vida de Neruda.

_____

4. Mi profesor (leer) las aventuras de Don Quijote de La Mancha.

_____

5. Julio (dormir) durante la clase de literatura.

_____

6. Tú (recitar) un poema romántico de Gustavo Adolfo Bécquer.

_____

7. Yo (sonreír) (*to smile*) mientras pensaba en la fiesta de este fin de semana.

_____

8. Mis padres (cocinar) mientras mis hermanos y yo hacíamos la tarea.

_____

9. Mi hermanito (jugar) a videojuegos mientras mi mamá hablaba por teléfono.

_____

10. Mis vecinos (escuchar) a mi mamá en el jardín de mi casa.

_____

❷ Select the best option to complete each one of these sentences.

1. Mientras yo estaba haciendo mi tarea, mi hermana...

a. estaba durmiendo.

b. está durmiendo.

c. estando durmiendo.

2. Cuando mis padres estuvieron en mi escuela, yo...

a. estuve estudiando en clase.

b. estaba estudiando en clase.

c. estaban estudiando en clase.

3. Mientras mi madre preparaba la cena, su mejor amiga...

a. estuvo ayudando en la cocina.

b. estaban ayudando en la cocina.

c. está ayudando en la cocina.

4. Cuando mi papá llamó por teléfono, nosotros...

a. estábamos mirando la televisión.

b. estuvimos mirando la televisión.

c. estamos mirando la televisión.

5. Mientras el profesor leía el periódico, los estudiantes...

a. estaba jugando en clase.

b. estaban jugando en clase.

c. están jugando en clase.

6. Cuando llegó el director, todos...

a. estuvieron hablando.

b. estaba hablando.

c. estaban hablando.

❸ Answer the questions to say what you were doing at specific times yesterday.

¿Qué estabas haciendo...

1. a las ocho de la mañana? _____

2. a las diez y media de la mañana? _____

3. al mediodía? _____

4. a las tres de la tarde? _____

5. a las seis y media de la tarde? _____

6. a las ocho de la noche? _____

7. a las diez y media de la noche? _____

Did You Get It? *Presentación de gramática*

> **¡AVANZA!** **Goal:** Learn when to use the subjunctive with certain conjunctions.

Conjunctions

- Read the following sentences, paying attention to the boldfaced conjunctions and verbs.

    Vamos a ahorrar **a fin de que podamos** ir de vacaciones.
    *(We're going to save money **so that we can** go on vacation.)*

    No voy a ir a la fiesta **a menos que venga** mi amiga.
    *(I'm not going to the party **unless** my friend **comes**.)*

EXPLANATION: In Spanish, the *subjunctive* is required after certain *conjunctions*. Study all of these conjunctions in the chart below.

a fin de que *(so that)*	con tal (de) que *(provided that)*	sin que *(without)*
a menos que *(unless)*	en caso de que *(in case)*	para que *(so that)*
antes de que *(before)*		

- Read these sentences, paying attention to the boldfaced words.

    Te llamé **cuando llegué**.   Te llamaré **cuando llegue**.
    *(I called you **when I arrived**.)*   *(I'll call you **when I arrive**.)*

EXPLANATION: Some conjunctions are followed by the *indicative* or the *subjunctive*. Use the indicative (**llegué**) if the outcome has definitely occurred. Use the subjunctive (**llegue**) if the outcome may occur in the future. Study all of these conjunctions below.

cuando *(when)*	tan pronto como *(as soon as)*	hasta que *(until)*
en cuanto *(as soon as)*	después de que *(after)*	

- Read the sentences below, paying attention to the boldfaced words.

    Fact: **Aunque llueve**, vamos a salir.
    *(**Even though it's raining**, we're going out.)*

    Uncertain: **Aunque sea** tarde, van a venir.
    *(**Even though it may be late**, they're coming.)*

EXPLANATION: Aunque is used with the indicative (**llueve**) when it is followed by a known fact, and by the subjunctive (**sea**) when it is not known whether the information presented is true.

Did You Get It? *Práctica de gramática*

> **¡AVANZA!**   **Goal:**   Learn when to use the subjunctive with certain conjunctions.

1 Read these phrases and determine which ones should be followed by the indicative (**I**) and which should be followed by the subjunctive (**S**).

1. No voy a ir a la fiesta a menos que...   I   S
2. Voy a estudiar en cuanto...   I   S
3. Trabajé hasta que...   I   S
4. Ahorraré con tal de que...   I   S
5. Lo llamé tan pronto como...   I   S
6. Te vi cuando...   I   S
7. Ella va a la librería sin que...   I   S
8. Tengo que llamar a mi madre para que...   I   S
9. Lo hice después de que...   I   S
10. Debes ir antes de que...   I   S

2 Rewrite each sentence using the appropriate conjunction.

1. Trabajé allí (hasta que / tan pronto como) encontré algo mejor.

   _____

2. Estudiaré literatura (hasta que / sin que) obtenga el doctorado.

   _____

3. (A menos que / A fin de que) me paguen más, no voy a trabajar.

   _____

4. Te quise llamar (después de que / para que) te vi, pero no pude.

   _____

5. Estudiaré español (con tal de que / sin que) me paguen un viaje a España.

   _____

6. Le expliqué el problema (para que / cuando) tuve tiempo.

   _____

3 Choose the best option.

1. Salgo de casa con un paraguas cuando...
   a. llueve.
   b. llueva.

2. Voy a invitarla a la fiesta con tal de que no...
   a. se enfade.
   b. se enfada.

3. Ella va a hablar con Juan tan pronto como...
   a. encuentra un teléfono.
   b. encuentre un teléfono.

4. Sonia quiere hablar con el profesor antes de que...
   a. llegan sus padres.
   b. lleguen sus padres.

5. Mi padre descansa un rato todos los días después de que...
   a. regresa del trabajo.
   b. regrese del trabajo.

6. Debes aprender algo de español, en caso de que...
   a. vas a vivir a España.
   b. vayas a vivir a España.

7. Vamos a crear un club literario para que...
   a. todos podamos compartir ideas.
   b. todos podemos compartir ideas.

8. Quiero comprar un regalo para Ana aunque...
   a. no tengo mucho dinero.
   b. no tuve mucho dinero.

9. No volví a ver a Susana después de que...
   a. su familia se muda a otra ciudad.
   b. su familia se mudó a otra ciudad.

10. Nos vamos al cine en cuanto...
    a. terminemos la tarea de español.
    b. terminamos la tarea de español.

♻ **¿Recuerdas?**

Preterite vs. imperfect

• You have learned how to use the preterite and the imperfect in the same sentence. Read and study the following examples.

> **Comenzó** a llover cuando **salíamos** para la playa.
> (*It started to rain when we were leaving for the beach.*)

> **Estábamos viendo** una película y de pronto **sonó** el teléfono.
> (*We were watching a movie and all of a sudden the phone rang.*)

Remember that the imperfect is used to tell what was going on in the background. The preterite is used to describe the interrupting action or main event.

Práctica

Choose the correct verb to complete each sentence.

1. Ayer _____ que irnos de la playa cuando estaba poniéndose el sol.
   a. tuvimos   **b.** teníamos   **c.** íbamos a tener

2. Estábamos sentándonos a cenar cuando _____ los dos últimos invitados.
   a. llegaban   **b.** estaban llegando   **c.** llegaron

3. Mientras yo _____ un poema, mi hermana preparó la cena.
   a. escribía   **b.** escribo   **c.** escribí

4. Marco y yo _____ la televisión cuando nos llamó Paco para jugar al fútbol.
   a. vemos   **b.** veía   **c.** veíamos

5. Rosa y Gilberto conducían el carro cuando _____ la casa que buscaban.
   a. veían   **b.** vieron   **c.** estaban viendo

6. Pablo _____ que tenía que ir a la tienda cuando la estaban cerrando.
   a. recordó   **b.** recordaba   **c.** estaba recordando

7. _____ las siete y media de la mañana cuando me levanté.
   a. Son   **b.** Eran   **c.** Fueron

8. _____ mucho calor cuando salimos para la playa.
   a. Hicieron   **b.** Hizo   **c.** Hacía

❀ ¿Recuerdas?

Professions

- Review the words used to talk about different professions.

el (la) dentista *(dentist)*	**el (la) arquitecto(a)** *(architect)*
el (la) médico(a) *(doctor)*	**el (la) abogado(a)** *(lawyer)*
el (la) juez(a) *(judge)*	**el (la) contador(a)** *(accountant)*
el (la) profesor(a) *(teacher)*	**el (la) ingeniero(a)** *(engineer)*
el (la) enfermero(a) *(nurse)*	**el (la) traductor(a)** *(translator)*
el hombre de negocios *(businessman)*	**la mujer de negocios** *(businesswoman)*
el (la) peluquero(a) *(hairdresser)*	

Práctica

Write a logical ending for each sentence.

1. Cuando yo sea dentista, trabajaré en...

_____

2. Yo estudiaré derecho para que mi familia...

_____

3. Mi hermana trabajará como enfermera tan pronto como...

_____

4. Ella quiere ser abogada aunque su padre...

_____

5. Juan va a abrir su propia empresa en cuanto...

_____

6. Quiero solicitar una beca (*scholarship*) en varias universidades, en caso de que...

_____

7. Tengo que estudiar matemáticas antes de que...

_____

8. Quiero aprender otros idiomas tan pronto como....

_____

Did You Get It? *Presentación de vocabulario*

¡AVANZA! **Goal:** Learn new words that will help you understand and interpret a short play, as well as talk about various aspects of writing and performing a drama.

Reading and interpreting short plays

Have you ever considered becoming a playwright **(dramaturgo(a))?** If the answer is yes, there are many things you will need in order to be successful, aside from a winning script **(guión)** and a great play theme **(tema de la obra).** Let´s look at the steps you could follow to stage a play.

1. After you finish writing your winning play **(obra de teatro),** with an ending twist that could be ironic **(irónico),** you will have to select the actors who will play the characters in your story. You will want to choose a group of actors with qualities that make them unique **(singulares).** Hopefully the actors' gestures **(gestos)** will embody each character perfectly, from a villain who is greedy **(codicioso)** and miserly **(avaro)** to a friend who may turn out to be a fraud **(farsante).**

2. It is important to realize **(darse cuenta de que)** even though many people like to dream about **(soñar con)** becoming a famous director, to direct **(dirigir)** is no easy task. You will have to come up with stage directions **(direcciones de escenografía),** maybe create scenery **(la escenografía),** make sure the dialogue **(diálogo)** is clear, and spend a lot of time rehearsing **(ensayando)** on the stage **(el escenario).**

3. But don´t worry, you will have plenty of company while you do your work. You will probably be working with the designer of the wardrobe **(el vestuario)** and others who will make sure all the accessories **(accesorios)** are in place. It will be your job to demand **(reclamar)** that everyone is ready when it is time to raise the curtain **(levantar el telón).**

4. Finally, the day of the opening, you will need the help of an usher **(un acomodador)** to help people at the entrance and the exit **(salida),** as well as to have someone to serve refreshments during intermission **(el intermedio).**

Remember, it takes quite a bit of courage **(coraje),** an attitude that is persistent **(persistente),** and a lot of hard work to put a play together. But when you hear the audience clap **(aplaudir),** it will all have been worth the effort! At the end of a successful play, the curtain comes down! **(¡se baja el telón!)**

Did You Get It? *Práctica de vocabulario*

> **¡AVANZA!** **Goal:** Learn new words that will help you understand and interpret a short play, as well as talk about various aspects of writing and performing a drama.

1 Read the following statements and use the information you've learned about plays to determine which statements are *true* (**T**) and which are *false* (**F**).

1.	Un dramaturgo es una persona que escribe obras de teatro.	T	F
2.	El personaje más importante de la obra es el acomodador.	T	F
3.	El descanso entre los actos de una obra es el intermedio.	T	F
4.	El guión es la cortina que sube y baja en el teatro.	T	F
5.	El vestuario de una obra de teatro es muy importante.	T	F
6.	Los actores de teatro no ensayan.	T	F
7.	La salida es el sitio donde ensayan los actores.	T	F
8.	Antes de presentar la obra, es importante ensayar.	T	F
9.	Una persona singular no tiene nada especial.	T	F
10.	Al final de la obra hay que bajar el telón.	T	F

2 Match the two columns to form logical phrases.

1.	_____ el actor	**a.**	con el éxito
2.	_____ dirigir	**b.**	aplaude mucho
3.	_____ una persona	**c.**	tiene que ensayar
4.	_____ darse	**d.**	cuenta
5.	_____ la dirección	**e.**	de escenografía
6.	_____ soñar	**f.**	de teatro
7.	_____ el público	**g.**	una obra de teatro
8.	_____ la obra	**h.**	singular

❸ Complete the conversation with a term from the box.

persistente	el guión	coraje	dirigir	farsante	el diálogo	ensayar

Migdalia: Hola, Ramón. ¿Vas a _____ para la obra de teatro?

Ramón: Sí, pero no encuentro _____ . ¿Lo tienes tú?

Migdalia: Sí, ¿quieres que te lo dé después de clase?

Ramón: Sí, gracias. Podemos leer _____ juntos.

Migdalia: ¿Sabes quién va a _____ la obra este año?

Ramón: María Vargas. No la conozco, pero dicen que es una buena directora.

Migdalia: ¡Ojalá sea! ¿Te acuerdas del director del año pasado?

Ramón: ¡Claro que sí! ¡Qué _____ ! Realmente él no sabía nada.

Migdalia: Bueno, hay que ser _____ y tener mucho _____ para ser director.

Ramón: Sí, espero que María tenga las dos cualidades.

❹ Imagine that you will write your own play. Complete the following chart to say who in your class will fulfill each role and why.

MI OBRA DE TEATRO

Título de la obra: _____

Dramaturgo(a): _____

Director(a): _____

Actor(es) principal(es): _____

Actor(es) secundarios: _____

Teatro preferido: _____

Diseñador(a) de vestuario: _____

Acomodadores: _____

Escenógrafo(a): _____

Responsable de accesorios: _____

Did You Get It? *Presentación de gramática*

> ¡AVANZA!   **Goal:** Learn how to express accidental or unplanned occurrences using **se** and indirect object pronouns.

Se for unintentional occurrences

- In English, the cause of an unintentional occurrence is the *subject* of the sentence. In Spanish, the occurrence *(verb)* happens *to* someone, so you can use an *indirect object pronoun*. Read the sentences, paying attention to the boldfaced words.

Se me acabaron las entradas de teatro. Ya no tengo más.
*(**I have no more** theater tickets **left**. / **I ran out of** theater tickets. I have no more.)*

Ayer **se me cayó** el guión en el agua mientras ensayaba.
*(Yesterday **I dropped** the script in the water while I was rehearsing.)*

Se me ocurrió una idea genial para una obra de teatro el otro día.
*(The other day **I got** this great idea for a theater play.)*

Se me perdieron las llaves y ahora no puedo entrar al teatro.
*(**I lost** my keys and now I cannot enter the theater.)*

Se me olvidó llamarte anoche. Lo siento mucho.
*(**I forgot** to call you last night. I'm really sorry.)*

Cerré la puerta y **se me quedó** el abrigo dentro.
*(I closed the door and **left** my coat inside.)*

Antonio tenía tu vaso en las manos cuando **se le rompió**.
*(Antonio had your glass in his hands when **it broke**.)*

EXPLANATION: In Spanish, unintentional occurrences are expressed in a way that is impersonal, suggesting that no one is responsible for the outcome. The *verb* is expressed with the impersonal pronoun **se** and agrees with the subject. An *indirect object pronoun* indicates the person to whom the action occurred. Use the chart below as a quick reference for verbs you use to express unintentional occurrences.

acabársele (a uno)	**perdérsele (a uno)**
caérsele (a uno)	**quedársele (a uno)**
ocurrírsele (a uno)	**rompérsele (a uno)**
olvidársele (a uno)	

- Read the sentence below, paying attention to the boldfaced words.

A ti se te olvidó llamar y **a mí se me perdieron** las llaves. ¡Qué desastre!
*(**You forgot** to call and **I lost** my keys. What a disaster!)*

EXPLANATION: If you want to clarify the indirect object pronoun, simply add **a** + the person's name or a pronoun.

Did You Get It? *Práctica de gramática*

> **¡AVANZA!** **Goal:** Learn how to express accidental or unplanned occurrences using **se** and indirect object pronouns.

1 To whom is the action occurring in each of these sentences? Choose the best option.

1. Se le olvidaron las llaves.

   a. a mí   **b.** a él   **c.** a nosotros

2. Se les perdió el guión de la obra de teatro.

   a. a ellas   **b.** a ella   **c.** a mí

3. Se nos cayó el sombrero al agua.

   a. a ti   **b.** a él   **c.** a nosotros

4. Se te quedaron los libros en la biblioteca.

   a. a mí   **b.** a ti   **c.** a ella

5. Se me acabó el dinero.

   a. a nosotras   **b.** a vosotros   **c.** a mí

6. Se nos ocurrió una idea estupenda.

   a. a mí y a Juan   **b.** a vosotros   **c.** a ella

7. Se le rompió el telón durante el intermedio.

   a. a ella   **b.** a ellos   **c.** a ti

8. Se les olvidó ir a buscar a los niños.

   a. a las madres   **b.** al dramaturgo   **c.** a nadie

9. Se nos perdieron los apuntes de español.

   a. a mis amigos   **b.** a nosotras   **c.** a ellas

2 Choose the correct answer.

1. A Carmen y a Evelio (se les perdieron / se les perdió) las llaves.

2. A nosotras (se les acabó / se nos acabó) el dinero.

3. A mí (se me quedó / se te quedó) el abrigo en el autobús.

4. A ellas (se le ocurrió / se les ocurrió) un plan para solucionar el problema.

5. A ti (se me cayeron / se te cayeron) los platos en el restaurante.

6. A él (se nos olvidó / se le olvidó) tu número de teléfono.

3 Use the following phrases to form complete sentences with the unintentional **se**. Follow the model.

Modelo: tú / olvidarse / el libro de literatura

A ti se te olvidó el libro de literatura.

1. yo / libro / caerse / ventana

_____

2. tú / perderse / llaves / parque

_____

3. él / descomponerse / auto / autopista (*highway*)

_____

4. nosotras / acabarse / gasolina / ayer

_____

5. ellas / ocurrirse / idea / fiesta / fin de curso

_____

6. ellos / quedarse / lista de la compra / casa

_____

4 Answer the following questions in complete sentences using an expression with **se**.

1. ¿Cuándo fue la última vez que se te perdieron las llaves de tu casa?

_____

2. ¿Se te cayó algún objeto importante alguna vez cuando eras pequeño?

_____

3. ¿Cuál fue la mejor idea que se te ocurrió la semana pasada?

_____

Did You Get It? *Presentación de gramática*

> **¡AVANZA!** **Goal:** Review the various contexts in which to use the subjunctive. Then learn how to express opinions, wishes, and doubts about literary texts.

Uses of the Subjunctive

- You have learned many uses of the subjunctive. Read and study the following sentences to review some of those uses.

Espero que ella **estudie** para el examen de literatura.
(*I hope* she **studies** for the literature exam.)

Mi profesor recomendó que **leyera** mucho.
(*My teacher* **recommended** that I **read** a lot.)

Es dudoso que él **venga** a la fiesta.
(*It's* **doubtful** that he'll **come** to the party.)

> Use the **subjunctive** when there is a change of subject after verbs that express **hope**, **doubt**, **influence**, or **emotion**.

Me alegro de que **estés** bien.
(*I'm happy* that **you're** well.)

> Use the **subjunctive** to talk about what is **unknown** or **indefinite**.

Queremos un actor que **tenga** experiencia.
(*We want* an actor that **has** experience.)

Ensaya un rato **antes de que llegue el director**.
(*Rehearse for a while* **before the director arrives**.)

Estudia el guión **para que** no se te **olvide**.
(*Study the script* **so that** you do not **forget** it.)

> Some conjunctions require the use of the **subjunctive**.

> With **conjunctions of time**, use the **subjunctive** if the action may occur in the future.

Te esperaré **hasta que salgas** del teatro.
(*I'll wait for you* **until you leave** the theater.)

Aunque no haya público, tu obra será un éxito.
(*Even if there's no audience*, your play will be a success.)

> **Aunque** is followed by the **subjunctive** when it refers to something whose outcome is not known.

Did You Get It? *Práctica de gramática*

¡AVANZA!	Goal:	Review the various contexts in which to use the subjunctive. Then learn how to express opinions, wishes, and doubts about literary texts.

❶ Change each verb from the present indicative to the present subjunctive. The first one is done for you.

1. estoy   *esté*
2. damos _____
3. actuamos _____
4. ensayan _____

5. tiene _____
6. dirijo _____
7. escribe _____
8. vienes _____

❷ Change each verb from the preterite to the imperfect subjunctive. The first one is done for you.

1. estuve   *estuviera*
2. diste _____
3. escribió _____
4. vimos _____

5. terminaste _____
6. llegué _____
7. fuiste _____
8. vine _____

❸ Change each verb from the future to the present perfect subjunctive. The first one is done for you.

1. leerás   *hayas leído*
2. abriremos _____
3. pondrá _____
4. saldré _____

5. comerán _____
6. contrataré _____
7. dormiremos _____
8. vendré _____

❹ Change each verb from the imperfect indicative to the past perfect subjunctive. The first one is done for you.

1. veía   *hubiera visto*
2. pedían _____
3. preferíamos _____
4. ponía _____

5. venían _____
6. iba _____
7. hablábamos _____
8. corrías _____

5 Use the cues below to write complete sentences using an infinitive or the subjunctive, depending on the context. Some sentences may have several correct options! The first one is done for you.

1. cuando tú escribir una obra / deber incluir diálogos interesantes

   Cuando tú escribas una obra, debes incluir diálogos interesantes.

   _____

2. ser importante estudiar / ser un buen escritor

   _____

3. no ser necesario / tú contratar actores / antes de terminar el guión

   _____

4. los buenos dramaturgos a veces / no ser famosos en mucho tiempo

   _____

5. ser bueno / tú / leer obras de muchos escritores diferentes

   _____

6. si a ti ocurrirse idea original / tú poder enviar un guión a Hollywood

   _____

6 Answer the following questions.

1. ¿Qué le recomiendas a un amigo que quiere ser escritor?

   _____

2. ¿Hay algún libro que hayas leído que te hubiera gustado escribir?

   _____

3. ¿Crees que es importante viajar mucho para escribir historias interesantes?

   _____

4. ¿Conoces a alguien que haya publicado una obra de teatro ó un libro?

   _____

5. ¿Te interesan las obras de los dramaturgos de otros países?

   _____

6. ¿Crees que alguien puede ser un buen escritor aunque nunca haya leído buenos libros?

   _____

¿Recuerdas?

Si clauses

- You have learned how to form and use **si** clauses in Spanish. Read the following sentences to review one usage.

  Si **tuviera** el tiempo y el dinero, **iría** a España.
  (If I had the time and the money, I'd go to Spain.)

  Si **pudiera** hablar con Shakespeare, le **haría** muchas preguntas sobre literatura.
  (If I could talk with Shakespeare, I'd ask him a lot of questions about literature.)

  Si se me **ocurriera** una buena idea para hacer esa escena, se lo **diría** al director.
  (If I had a good idea about how to do that scene, I'd tell it to the director.)

Práctica

Write a sentence to say what you would do in the following situations. Follow the model.

Modelo: ensuciársele la camisa durante la cena

   Si se me ensuciara la camisa durante la cena, la limpiaría con agua.

1. olvidársele la tarea de español...

_____

2. rompérsele una cerámica valiosa de mi madre...

_____

3. occurírsele una buena idea para la fiesta...

_____

4. caérsele una botella de agua en la cocina...

_____

5. perdérsele las llaves de la casa

_____

6. acabársele el dinero

_____

♻ ¿Recuerdas?

Literary vocabulary

• Review some of the terms you learned to talk about literature.

el (la) autor(a) *(author)*	**el título** *(title)*
el clímax *(climax)*	**el verso** *(verse)*
el contexto *(context)*	**la autobiografía** *(autobiography)*
el cuento *(short story)*	**la biografía** *(biography)*
el desenlace *(ending, outcome)*	**la metáfora** *(metaphor)*
el drama *(drama)*	**la novela** *(novel)*
el género literario *(literary genre)*	**la poesía** *(poetry)* / **el poema** *(poem)*
el símil *(simile)*	**la reseña** *(review)*
el tema *(theme)*	**los antecedentes** *(background events)*

Práctica

Complete each sentence with the correct vocabulary word.

1. Leí una _____ de Martin Luther King que era muy interesante.

2. Me gustan los _____ porque son cortos y no tengo mucho tiempo para leerlos.

3. No me acuerdo quién escribió el libro. ¿Tú recuerdas el nombre del

   _____ ?

4. Según la _____ que leí esta mañana en el periódico, la obra no va a tener mucho éxito.

5. ¿Cuál es el _____ de la novela que quieres que yo lea?

6. En poesía, me gustan más los _____ que las metáforas, porque son más claros.

7. Me gusta el ritmo y la rima de los versos de este _____ .

8. La obra tiene un _____ feliz. Los protagonistas se reencuentran y se casan.

Did You Get It? Answer Key

PRÁCTICA DE VOCABULARIO
DISCUSSING LITERATURE, pp. 2–3

1

1. un cuento romántico
2. una novela
3. un libro de poemas
4. ensayos y poesía
5. un cuento
6. una autobiografía

2

1. poema
2. capítulos
3. biografía
4. romántico
5. desenlace
6. autor
7. estilo

3 Answers will vary.

4 Answers will vary.

PRÁCTICA DE GRAMÁTICA
PAST PROGRESSIVE TENSES, pp. 5–6

1

1. Luisa estaba escribiendo un análisis literario sobre su libro favorito.
2. Andrea y Pedro estaban comprando regalos para sus amigos en la librería central.
3. Mi amigo y yo estábamos mirando la película de «El cartero», sobre la vida de Neruda.
4. Mi profesor estaba leyendo las aventuras de *Don Quijote de La Mancha*.
5. Julio estaba durmiendo durante la clase de literatura.
6. Tú estabas recitando un poema romántico de Gustavo Adolfo Bécquer.
7. Yo estaba sonriendo mientras pensaba en la fiesta de este fin de semana.
8. Mis padres estaban cocinando mientras mis hermanos y yo hacíamos la tarea.
9. Mi hermanito estaba jugando a videojuegos mientras mi mamá hablaba por teléfono.
10. Mis vecinos estaban escuchando a mi mamá en el jardín de mi casa.

Did You Get It? Answer Key

❷ Select the best option to complete each one of these sentences.

1. a
2. b
3. a
4. a
5. b
6. c

❸ Answers will vary.

PRÁCTICA DE GRAMÁTICA
CONJUNCTIONS, pp. 8–9

❶

1. S
2. S
3. I
4. S
5. I
6. I
7. S
8. S
9. I
10. S

❷

1. Trabajé allí hasta que encontré algo mejor.
2. Estudiaré literatura hasta que obtenga el doctorado.
3. A menos que me paguen más, no voy a trabajar.
4. Te quise llamar después de que te vi, pero no pude.
5. Estudiaré español con tal de que me paguen un viaje a España.
6. Le expliqué el problema cuando tuve tiempo.

❸

1. a
2. a
3. b
4. b
5. a
6. b
7. a
8. a
9. b
10. a

Did You Get It? Answer Key

✿ ¿RECUERDAS?

PRETERITE VS. IMPERFECT, p. 10

Práctica

❶

1. a
2. c
3. a
4. c
5. b
6. a
7. b
8. c

✿ ¿RECUERDAS?

PROFESSIONS, p. 11

Práctica

Answers will vary.

Did You Get It? Answer Key

PRÁCTICA DE VOCABULARIO

READING AND INTERPRETING SHORT PLAYS, pp. 13–14

❶

1. T
2. F
3. T
4. F
5. T
6. F
7. F
8. T
9. F
10. T

❷

1. c
2. g
3. h
4. d
5. e
6. a
7. b
8. f

❸

ensayar

el guión

el díalogo

dirigir

farsante

persistente

coraje

❹ Answers will vary.

PRÁCTICA DE GRAMÁTICA

SE FOR UNINTENTIONAL OCCURRENCES, pp. 16–17

❶

1. b
2. a
3. c
4. b
5. c
6. a
7. a
8. a
9. b

❷

1. se les perdieron
2. se nos acabó
3. se me quedó
4. se les ocurrió
5. se te cayeron
6. se le olvidó

❸

1. A mí se me cayó el libro por la ventana.
2. A ti se te perdieron las llaves en el parque.
3. A él se le descompuso el auto en la autopista.
4. A nosotras se nos acabó la gasolina ayer.
5. A ellas se les ocurrió una idea para la fiesta de fin de curso.
6. A ellos se les quedó la lista de la compra en casa.

❹ Answer will vary.

Did You Get It? Answer Key

PRÁCTICA DE GRAMÁTICA

DISCUSS LITERARY TEXTS WITH SUBJUNCTIVE, pp. 19–20

1

1. *esté*
2. demos
3. actuemos
4. ensayen
5. tenga
6. dirija
7. escriba
8. vengas

2

1. *estuviera*
2. dieras
3. escribiera
4. viéramos
5. terminaras
6. llegara
7. fueras
8. viniera

3

1. *hayas leido*
2. hayamos abierto
3. haya puesto
4. haya salido
5. hayan comido
6. haya contratado
7. hayamos dormido
8. hayáis venido

4

1. *hubiera visto*
2. hubieran pedido
3. hubiéramos preferido
4. hubiera puesto
5. hubieran venido
6. hubiera ido
7. hubiéramos hablado
8. hubieras corrido

5 Answers will vary.

6 Answers will vary.

Did You Get It? Answer Key

✿ ¿RECUERDAS?
SÍ CLAUSES, p. 21

Práctica

Answers will vary.

✿ ¿RECUERDAS?
LITERARY VOCABULARY, p. 22

Práctica

1. biografía
2. cuentos
3. autor
4. reseña
5. título
6. símiles
7. poema
8. desenlace

Nombre _____ Clase _____ Fecha _____

Laberinto *Práctica de vocabulario*

Start at the word **Comienzo** and make your way through the maze by following the path marked by the words that correctly complete the sentences below.

COMIENZO	ROMÁNTICOS	BIOGRAFÍA	SÁTIRA
POLICÍACOS	AUTOBIOGRAFÍA	DESENLACE	CONTEXTO
ENSAYO	ANTECEDENTES	ESTROFAS	HISTORIETAS
SUECESOS	ACTOS	TEMA	CLÍMAX
NOVELA	VERSOS	ESTILO	CAPÍTULOS
ANÁLISIS	GÉNERO	ABSURDO	FINAL

1. Me gusta leer sobre protagonistas que están enamorados; por eso leo los cuentos _____ .

2. Andrés quiere escribir sobre los sucesos de su vida así que va a escribir una _____ .

3. Antes del final de un cuento y después del clímax, viene el _____ .

4. Las novelas consisten en capítulos y la poesía consiste en _____ .

5. Ahora hacen muchas películas basadas en los libros de _____ , como *The Incredible Hulk* y *X-Men*.

6. La felicidad puede ser el _____ de un cuento.

7. Las novelas normalmente se dividen en _____ .

Sopa de Letras *Vocabulario en contexto*

Find and circle the vocabulary word or phrase that corresponds to each of the following clues. Then start at the top and write down the first 10 uncircled letters on the spaces below. Unscramble them to complete the sentence that follows.

```
A   O   A   R   R   A   N   A   I   A
R   Í   L   U   I   R   T   Z   G   O
O   O   F   U   T   M   O   I   S   C
F   P   T   A   T   O   A   L   L   A
Á   N   A   T   R   Í   R   O   I   Í
T   Q   M   K   O   G   T   B   M   C
E   G   É   X   T   Á   O   M   Í   I
M   S   Z   S   C   U   D   I   S   L
Q   G   É   N   E   R   O   S   B   O
Z   K   Z   D   S   T   N   Y   H   P
```

1. Las palabras *fiesta y siesta* hacen _____ .

2. Miguel de Cervantes es el _____ de *Don Quijote de la Mancha*.

3. *Los dientes de Nora son blancos como la nieve* es un _____ .

4. La sátira, el ensayo y el cuento son _____ diferentes.

5. Cuando alguien escribe sobre la vida de otra persona, es una _____ .

6. *Sus ojos de chocolate* es una _____ .

7. El color verde _____ la vida, la naturaleza y la limpieza.

8. Una de las novelas más famosas de Gabriel García Márquez tiene el _____ *Cien años de soledad*.

9. La persona que _____ un cuento determina el punto de vista.

10. Un cuento _____ se trata de crímenes, detectives, y a veces, un misterio.

— — — — — — — — — — — — — — — — — — — —

Mensaje escondido: Hamlet es el _____ de una obra de William Shakespeare.

— — — — — — — — — — — — — — — — — — — —

¡Aprobado! *Práctica de gramática 1*

Mauricio has been studying all week to prepare for his English exam. Complete each of his sentences using the past progressive to find out how he prepared. Unscramble the circled letters in each answer to see how Mauricio did on his exam.

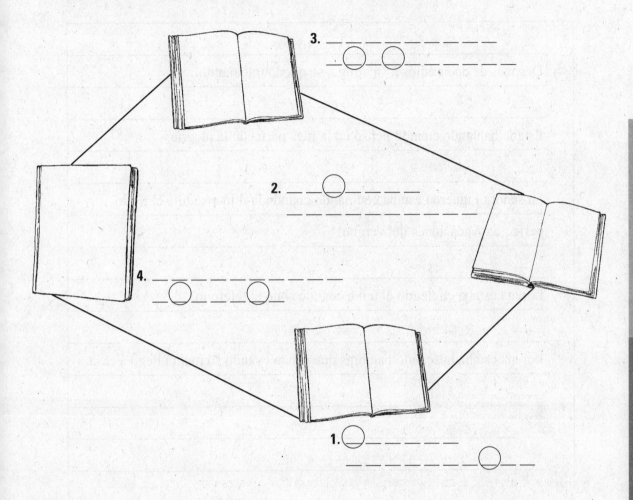

QUESTIONS:

1. Yo _____ (analizar) la poesía cuando me llamaste.

2. Tú me _____ (explicar) qué simbolizaban las flores en el cuento cuando sonó el timbre.

3. Nosotros _____ (estudiar) todo el día.

4. Los estudiantes _____ (leer) los ensayos durante toda la clase.

Mauricio hizo un examen ___ ___ ___ ___ ___ ___ ___ ___ ___ ___ ___ ___ .

¡A ordenar! *Gramática en contexto*

Lorena worked all day on an English assignment that is due tomorrow. Read the sentences below and put them in order to discover what she is writing.

○ Después de decir adiós a su amiga, se quedó trabajando.

_____

Estaba hablando cuando pensó en la idea perfecta: la alegría.

_____

La señora Figueroa estaba cocinando cuando le dijo a su hija el título

perfecto: ¡Vacaciones del verano!

_____

○ Lorena estaba eligiendo el tema cuando sonó el teléfono.

_____

Lorena estaba buscando palabras que riman cuando su mamá llegó a casa.

_____

_____

_____

_____

○ _____

¿Qué género estaba escribiendo Lorena? _____

Tres en raya *Práctica de gramática 2*

Decide which of the following conjunctions are always followed by the subjunctive
(**S**) and which can be followed by both the subjunctive and the indicative (**S/I**).
Write the letter(s) that correspond to each conjunction in the boxes below. Then, use
the **Tres en raya** to complete the sentences below, choosing the most appropriate
conjunction for each sentence and conjugating the verb correctly.

para que	en cuanto	aunque
sin que	tan pronto como	a fin de que
antes de que	en caso de que	hasta que

1. La chica entra en la casa rápidamente _____ nadie la

   _____ (ver).

2. Ella prueba las tres sopas _____

   _____ (poder) comer la más sabrosa.

3. La niña duerme un poco _____

   _____ (regresar) los dueños de la casa.

¿Cómo se titula este cuento?

_____

La carta misteriosa *Todo junto*

Recently, the following letter was found by a group of European historians. Unfortunately, one of them spilled a glass of water near the letter while he was trying to verify its authenticity. Help him decipher what the letter says using context clues and what you have learned in this chapter.

> QUERIDO [____]
> AYER [____] MAÑANA ESTABA TRABAJANDO EN MI NOVELA NUEVA, CUANDO LLEGÓ EL PERIÓDICO. LO ABRÍ EN CUANTO ALMORCÉ PARA VER QUE PASABA EN MADRID Y EN EL MUNDO. ¿SABES QUE VI EN LA [____] DE LAS ARTES? ¡UNA RESEÑA DE TU OBRA NUEVA! [____].
> PRIMERO, EL AUTOR DE LA RESEÑA [____] QUE EL LECTOR PUEDE INFERIR MUCHOS DETALLES DE LA REALIDAD DE VERONA EN ESE TIEMPO. PERO [____], DICE QUE ES ABSURDO QUE ELLOS SE ENAMOREN TAN RÁPIDO Y MÁS CUANDO SUS FAMILIAS ESTÁN PELEANDO. LE GUSTÓ UN POCO HASTA QUE LOS JÓVENES SE MURIERON AL FINAL. TE ESCRIBO PARA QUE SEPAS QUE AQUÍ LAS RESEÑAS SON [____]. LO SIENTO MUCHO.
> AH, Y NECESITO QUE ME DES CONSEJOS... ¿EN DÓNDE DEBERÍA PASAR [____] DE MI NOVELA, LAS VEGAS O LA MANCHA?
> TU AMIGO,
> MIGUEL

1. Who received this letter?_____

2. Which of his works was reviewed in the newspaper?

_____

3. Were the reviews positive or negative? _____

4. Who wrote this letter? _____

5. What novel was he working on when he wrote this letter?

_____

Nombre _____ Clase _____ Fecha _____

¿Entiendes? *Lectura literaria*

Complete each of the sentences below. Then, use the code numbers to write the title of a well-known character.

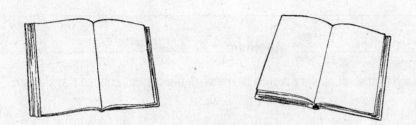

A. La parte de una novela cuando el protagonista lucha con su enemigo es el

___ ___ ___ ___ ___ ___ .
 1   2   3   4   5   6

B. El género literario que depende mucho de la rima es la

___ ___ ___ ___ ___ ___ .
 7   8   9 10 11 12

C. La música tiene este elemento literario. Es el

___ ___ ___ ___ ___ .
13 14 15 16 17

D. Muchas veces, las novelas y los cuentos empiezan con una descripción de los

___ ___ ___ ___ ___ ___ ___ ___ ___ ___ ___ ___ para que
18 19 20 21 22 23 24 25 26 27 28 29

entiendan mejor los lectores.

___ ___ ___ ___ ___ ___ ___ ___ ___ es un libro de historietas y una película
10 7   14 24 9   13 4 18 26

muy popular.

¡Juguemos a ser profesores! *Repaso de la lección*

Corina just finished the quiz below. Read each of her answers and make an X by any that are incorrect and write the correct answer. Then, determine what her grade on the quiz should be.

Nombre: _Corina Goncalvez_   **Apellido:** _27/4/2006_

MATCHING Match each of the vocabulary words below with the correct English translation. (2 points each)

☐	_b_ 1.	el cuento	a. review
☐	_e_ 2.	el antecedente	b. story, short story
☐	_c_ 3.	el cuento policíaco	c. crime story
☐	_d_ 4.	el suceso	d. event
☐	_a_ 5.	la reseña	e. background event
☐	_g_ 6.	la obra	f. work
☐	_h_ 7.	el acto	g. stanza
☐	_f_ 8.	la estrofa	h. act

FILL IN THE BLANKS Choose the correct word from the parentheses to complete each of the sentences below. (3 points each)

☐ 1. Nora y yo ___estábamos___ (estábamos / estuvimos) hablando cuando me llamaste.

☐ 2. No me gusta el color azul, aunque ___sea___ (es / sea) el color favorito de mi mejor amiga.

☐ 3. Cuando mi mamá salió de mi cuarto, ___continué___ (continuaba / continué) leyendo.

☐ 4. Daniel y Gonzalo ___estuvieron___ (estaban / estuvieron) jugando al fútbol.

☐ 5. La profesora enseña para que los estudiantes ___entiendan___ (entiendan / entienden).

☐ 6. Quiero salir antes de que ellos ___vengan___ (vengan / vienen).

☐ 7. Voy a llevar una chaqueta en caso de que ___haga___ (hace / haga) frío.

☐ 8. Empezó a llover cuando Alicia y Pablo ___estuvieron___ (estaban / estuvieron) caminando en el parque.

¿Cómo le fue el examen a Corina? ¿Qué nota sacó?

$$\frac{\_\_\_ + \_\_\_}{40} = \frac{\_\_\_}{40} = 0.\_\_\_ = \_\_\_ \%$$

¡Ayuda! *Práctica de vocabulario*

These people are all attending the big school theatre production. Read the clues about the people they are looking for and write who they are. Then, follow the path to help each student find that person.

1. Busco a mi hermano. Él ayuda a la gente a encontrar sus asientos. Es un _____ .

2. ¿Dónde está mi primo? Es el actor más importante, o el _____ .

3. Necesito hablar con la persona que escribió el drama, o el _____ . Hay un problema.

4. Quiero hablar con la persona que dirige a los actores, o el _____ .

¡Un actor está enfermo!

¡Qué lío! *Vocabulario en contexto*

Lourdes is helping get ready for the school play, but someone put everything in the cafeteria! Circle the following objects that she needs to gather to set up the show.

1. el vestuario
2. la escenografía
3. el telón
4. el maquillaje
5. los accesorios
6. el guión

Confusión total *Práctica de gramática 1*

Today is the dress rehearsal for the school play and everything is going wrong. The actors are forgetting their lines and dropping their props. The director is trying to help them by giving them their lines and reminding them of their motivation for the scene. The problem is he is just as confused! Complete each of his sentences with the correct **se** form of the unintentional phrase. Then, write the names of the people to whom he SHOULD be saying each one.

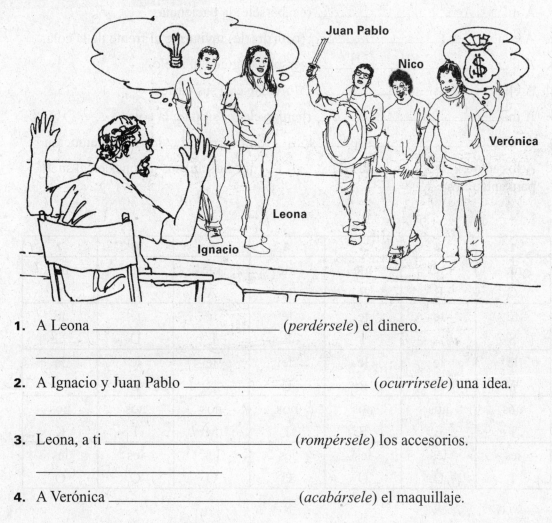

Juan Pablo

Nico

Verónica

Leona

Ignacio

1. A Leona _____ (*perdérsele*) el dinero.

   _____

2. A Ignacio y Juan Pablo _____ (*ocurrírsele*) una idea.

   _____

3. Leona, a ti _____ (*rompérsele*) los accesorios.

   _____

4. A Verónica _____ (*acabársele*) el maquillaje.

   _____

La prueba *Gramática en contexto*

Santiago is trying out for a Broadway play. Complete each sentence with the correct se for unintentional phrase. Then, circle the letter that corresponds to each of the pronouns that you used to answer numbers 1–7 in the chart below to discover the name of a Broadway hit!

1. A mí _____ (acabársele) la paciencia.

2. A ella _____ (ocurrírsele) invitarme al frente de la cola.

3. A ti _____ (caérsele) el guión al suelo.

4. A ellos _____ (olvidársele) sus partes.

5. A mí _____ (perdérsele) el sitio en la cola.

6. Al director _____ (rompérsele) el corazón con emoción.

7. A los actores _____ (quedársele) sus guiones en el suelo para aplaudirme.

1	2	3	4	5	6	7
me C	me B	me R	me O	me A	me N	me Y
te S	te A	te I	te L	te E	te D	te G
le W	le H	le R	le U	le N	le G	le P
nos T	nos E	nos S	nos I	nos M	nos T	nos K
les I	les D	les U	les C	les O	les C	les O

La obra _____ ha tenido mucho éxito en Broadway.

¿Adónde van? *Práctica de gramática 2*

Complete each sentence with the correct form of the verb in parentheses to see what each person is saying. Then, use the clues given to guess where the family is going on vacation.

1. Los padres les recomiendan a sus hijos que _____ (llevar) maletas pequeñas.

2. Carolina quiere ver *The Lion King* en Broadway, antes de que la familia _____ (irse) de la ciudad.

3. Pilar va a buscar ropa que _____ (ser) muy de moda en la Avenida Quinta.

4. Para David es importante que él y su padre _____ (ver) a un partido de los Yankees.

Ojalá que la familia Acevedo _____ (disfrutarse) mucho durante sus vacaciones en _____ .

Nombre _____ Clase _____ Fecha _____

¡Al escenario! *Todo junto*

The stage is ready for Raquel's school play. Use the clues to determine which of these drawings shows the stage at Raquel's school.

1. Todo el vestuario está preparado a la derecha del escenario.

2. El director está a la izquierda en su asiento especial.

3. Hay tres actores esperando entrar en el escenario.

4. Nuestra escuela no tiene telón, así que los actores se quedan detrás del escenario.

5. La escenografía del amanecer les salió muy bien a los estudiantes de arte.

¿Cuál es el escenario de la escuela de Raquel? _____

a.

b.

c.

d.

e.

f.

Nombre _____ Clase _____ Fecha _____

¿Cómo es? *Lectura literaria*

Roberto is a successful actor in a new play. Use the clues to fill in the blanks with words from **Vocabulario** that describe his character. Then use the code numbers below the words to see why Roberto is so successful.

A. El personaje hace que el público
se ría mucho. Es muy

___ ___ ___ ___ ___ ___ ___ ___ .
   1   2   3   4   5   6   7   8

B. El personaje quiere tener todo y no
quiere compartir. Es

___ ___ ___ ___ ___ ___ ___ ___ ___ .
  9 10 11 12 13 14 15 16 17

C. El personaje que no quiere gastar nada
de su dinero. También es

___ ___ ___ ___ ___ .
 18 19 20 21 22

D. Si el personaje quiere algo, no deja
de trabajar hasta que lo consiga.
Es muy

___ ___ ___ ___ ___ ___ ___ ___ ___ ___ ___ .
 23 24 25 26 27 28 29 30 31 32 33

Roberto tiene éxito porque es muy ___ ___ ___ ___ ___ ___ ___ ___ .
                                      18   5 25 33 19   3 11 17

UNIDAD 8 Lección 2   Practice Games

Repaso *Repaso de la lección*

Match each of the ticket stubs on the left with a ticket stub on the right, according to which best completes each sentence. Then, decide which two pairs of ticket stubs are from the same play and write them on the lines below, along with the name of the play they are from.

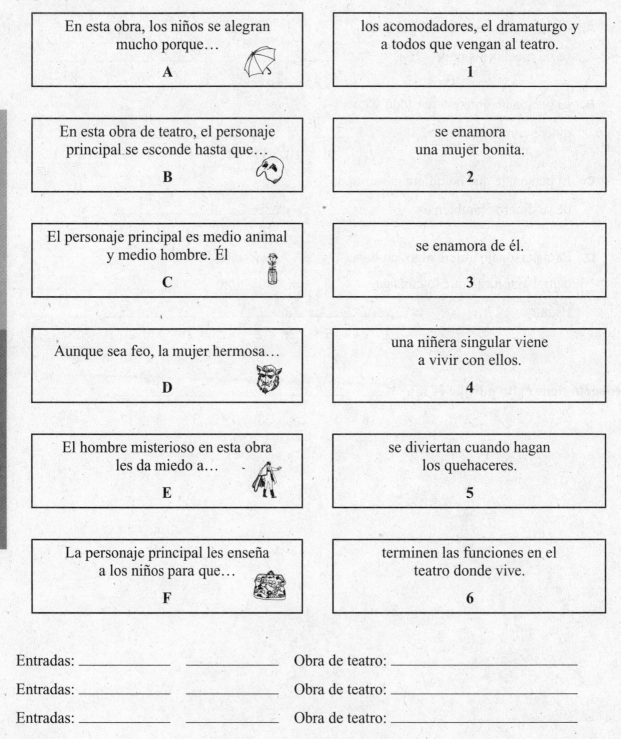

En esta obra, los niños se alegran
mucho porque…

A

los acomodadores, el dramaturgo y
a todos que vengan al teatro.

1

En esta obra de teatro, el personaje
principal se esconde hasta que…

B

se enamora
una mujer bonita.

2

El personaje principal es medio animal
y medio hombre. Él

C

se enamora de él.

3

Aunque sea feo, la mujer hermosa…

D

una niñera singular viene
a vivir con ellos.

4

El hombre misterioso en esta obra
les da miedo a…

E

se diviertan cuando hagan
los quehaceres.

5

La personaje principal les enseña
a los niños para que…

F

terminen las funciones en el
teatro donde vive.

6

Entradas: _____ _____   Obra de teatro: _____

Entradas: _____ _____   Obra de teatro: _____

Entradas: _____ _____   Obra de teatro: _____

Practice Games Answer Key

PAGE 29
Práctica de vocabulario

1. románticos
2. autobiografía
3. desenlace
4. estrofas
5. historietas
6. tema
7. capítulos

PAGE 30
Vocabulario en contexto

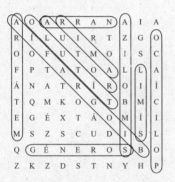

Mensaje escondido: protagonista

PAGE 31
Práctica de gramática 1

1. estaba analizando
2. estabas explicando
3. esuvimos estudiando
4. estuvieron leyendo

Bonus: estupendo

PAGE 32
Gramática en contexto

1. 3
2. 2
3. 5
4. 1
5. 4

Bonus: la poesía

Practice Games Answer Key

PAGE 33
Práctica de gramática 2

para que: S

en cuanto: S/I

aunque: S/I

sin que: S

tan pronto como: S/I

a fin de que: S

antes de que: S

en caso de que: S

hasta que: S/I

1. sin que, vea
2. para que, pueda
3. antes de que, regresen

Bonus: Rictitos de Oro y los Tres Osos o Goldilocks and the Three Bears

PAGE 34
Todo junto

1. William Shakespeare
2. Romeo and Juliet
3. negative
4. Miguel de Cervantes
5. Don Quijote de la Mancha

PAGE 35
Lectura literaria

A. clímax
B. poesía
C. ritmo
D. antecedentes

Character: SPIDERMAN

PAGE 36
Repaso de la lección

Matching: X next to 6, 8

Fill in the Blanks: X next to 4, 8

75%

Practice Games Answer Key

PAGE 37

Práctica de vocabulario

1. acomodador, line to usher
2. personaje principal, line to actor
3. dramaturgo, line to playwright
4. director, line to director

PAGE 38

Vocabulario en contexto

Circled should be: clothesrack, backdrop, curtain, makeup, stage props, script

PAGE 39

Práctica de gramática 1

1. se le perdió, Verónica
2. se les ocurrió, Ignacio y Leona
3. se te rompieron, Juan Pablo
4. se le acabó, Nico

PAGE 40

Gramática en contexto

1	2	3	4	5	6	7
me	me	me	me	me	me	me
(C)	B	R	O	(A)	N	Y
te	te	te	te	te	te	te
S	A	(I)	L	E	D	G
le	le	le	le	le	le	le
W	(H)	R	U	N	(G)	P
nos	nos	nos	nos	nos	nos	nos
T	E	S	I	M	T	K
les	les	les	les	les	les	les
I	D	U	(C)	O	C	(O)

Bonus: Chicago

Practice Games Answer Key

PAGE 41
Práctica de gramática 2

1. lleven
2. se vaya
3. sea
4. vean

Bonus: se disfrute, Nueva York

PAGE 42
Todo junto

El escenario de la escuela de Raquel es e.

PAGE 43
Lectura literaria

1. chistoso
2. codicioso
3. ávaro
4. persistente

Roberto tiene éxito porque es muy atrevido.

PAGE 44
Repaso de la lección

A4 and F5, Mary Poppins

B6 and E1, The Phantom of the Opera

C2 and D3, Beauty and the Beast

UNIDAD 8 Lección 2

Practice Games Answer Key

Unidad 8, Lección 2
Practice Games Answer key

48

¡**Avancemos!** 3
Unit Resource Book

Video Activities *El Gran Desafío*

PRE-VIEWING ACTIVITY

Put the following elements of a play in numerical order with the most important being (1) and least important (6). Then write a brief explanation of your most important and least important choices.

_____ el tema

_____

_____ el maquillaje

_____

_____ el escenario

_____

_____ el vestuario

_____

_____ el diálogo

_____

_____ los actores

_____

VIEWING ACTIVITY

Read the following list of items and chores. While you watch the video, indicate with a checkmark (✓) who is in charge of each item. Hint: Two people can be in charge of the same item or chore.

María	José	Luis	Carmen	Marco	Ana	
____	____	____	____	____	____	el maquillaje
____	____	____	____	____	____	el vestuario
____	____	____	____	____	____	el escenario
____	____	____	____	____	____	el tema
____	____	____	____	____	____	la actuación

Video Activities *El Gran Desafío*

POST-VIEWING ACTIVITY

Indicate whether each of the following sentences is true (T) or false (F). If the sentence is false correct it on the line below.

1. El profesor Dávila dice que sólo algunos de los equipos lo han hecho bien.   T   F

_____

2. El profesor les dará el tema de la obra cuando tengan el escenario y el vestuario.   T   F

_____

3. Van a trabajar juntos en la obra pero el puntaje es por equipo.   T   F

_____

4. Todos están de acuerdo en poner el escenario entre dos árboles.   T   F

_____

5. Van a usar el bloqueador de sol del profesor para que no se quemen.   T   F

_____

6. Ana coge el bloqueador del sol del profesor al final.   T   F

_____

7. El profesor está enojado porque le imitan en la obra y nadie gana el premio.   T   F

_____

8. Todos los participantes eligieron a Carmen y José porque trabajaron tanto en organizar la obra.   T   F

_____

Why do you think the teams had to work together in the end? Does it make sense that they were the ones to choose the winner of the challenge? Write a brief response explaining why you think **El Gran Desafío** ended with a group challenge and what you think the participants learned during the competition.

_____

_____

_____

Video Activities Answer Key

EL GRAN DESAFÍO, UNIT 8 pp. 49–50

PRE-VIEWING ACTIVITY

1. Answers will vary.
2. Answers will vary.
3. Answers will vary.
4. Answers will vary.
5. Answers will vary.
6. Answers will vary.

VIEWING ACTIVITY

1. Marco, Ana
2. Carmen, María
3. José, Luis
4. Carmen
5. todos

POST-VIEWING ACTIVITY

1. F. Dice que todos han lo hecho bien y que deben aplaudir a si mismos.
2. F. Pueden elegir el tema que quieran.
3. T
4. T
5. F. Van a usarlo para el maquillaje de la obra.
6. T
7. F. El profesor piensa que es muy gracioso. Carmen y José ganan el desafío.
8. T

Answers will vary.

Video Scripts

EL GRAN DESAFÍO

Marco: Profesor, ¿qué pasa? ¿Por qué se ha puesto tanto maquillaje?

Profesor Dávila: Sí, sí, ríanse. Los veré mañana, cuando estén rojos como chiles por el sol. Se deben aplaudir ustedes mismos. Hasta ahora han hecho buen trabajo en equipo, ¡Felicitaciones! Muy bien amigos, les voy a decir las reglas de nuestro último desafío. En esta oportunidad se me ocurrió que podían hacer una pequeña obra de teatro, escrita por ustedes. Pueden elegir el tema que quieran. Van a hacer el escenario allí. Y pueden usar el vestuario, el maquillaje y los accesorios que prefieran. ¿Alguna pregunta?

María: Pero ¿cada equipo debe hacer su propia obra?

Profesor Dávila: No, lo interesante es que van a trabajar todos juntos, aunque la puntuación es por equipo.

Ana: ¿Y cuándo podemos comenzar a ensayar?

Profesor Dávila: Podrán hacer el ensayo tan pronto como el escenario y el vestuario estén listos. ¡Vamos! ¡No tienen mucho tiempo!

Carmen: ¿Alguien tiene alguna idea para el tema de la obra?

José: Yo no, pero podemos poner el escenario entre esos dos árboles.

Ana: ¡Sí!, Guau, yo estaba pensando lo mismo.

Marco: Sí, sí, yo también. Y en caso de que no se vea bien, creo que podemos usar esos mismos árboles como símbolos de nuestro futuro.

María: ¿Qué tal si usamos el bloqueador de sol del profesor para el maquillaje?

José: Sí claro, pero ¿quién se lo pide?

Marco: ¿Qué? No. Yo no. ¿Por qué yo?

Ana: Porque tú eres el más inteligente.

Luis: Sí, es verdad. Marco, eres muy inteligente. Tienes que pedírselo tú.

José: ¿Y el vestuario?

Carmen: Yo vi una tienda de ropa por aquí cerca. Puedo preguntarles si nos pueden prestar algo hasta que termine la obra. Ana, es mejor que tú busques a Marco mientras José y Luis preparan el escenario. Y María, ¿tú vas a buscar el vestuario?

María: Sí, claro, pero ¿cuál es el tema de la obra?

Carmen: Bueno, está bien. Yo pienso en algo con tal de que al final escriba una comedia y no un drama aburrido.

Ana: Profesor, ¿me puede dar un poco de su bloqueador de sol?

Profesor Dávila: Sí, claro, tan pronto como Marco deje de buscarlo en mi bolsa.

Ana: Gracias, profesor.

Carmen: Bueno, ahora vamos a ensayar. Aquí está el guión para el papel de cada uno.

Profesor Dávila: ¡Jóvenes! ¿Están listos?

Ana: Sí, profesor, tome asiento por favor. Señoras y señores, bienvenidos al "Gran Desafío", una obra escrita por los famosos dramaturgos Carmen Ortega y José Mesa. ¡Levanten el telón!

Carmen: Jóvenes, bienvenidos al "Gran desafío". ¿Alguien tiene alguna pregunta? ¿Nadie? Muy bien.

Marco: Pero, profesora, yo quiero decir algo.

Carmen: Marco, ¿qué quieres decir?

Marco: Le quería decir que yo estaba en la tabla de surf y entonces…

Carmen: ¡Un momento, Marco! ¡Ponte este chaleco salvavidas! Muy bien, hoy tenemos diez desafíos. ¿Alguna pregunta?

María: ¡Diez desafíos, profesora!

Carmen: Sí, diez desafíos. ¿Alguna pregunta? ¿No? Muy bien. ¡Comiencen!

Luis: Pero, ¿cuáles son los desafíos?

Carmen: Ah, sí, claro. Bueno, los desafíos son, ¿están listos? Bailar. Cantar. Hablar. Actuar. Reír. Llorar. Correr. ¿Alguna pregunta? He dicho, ¿alguna pregunta?

Todos: ¡No, profesora!

Ana: ¿Bueno? Sí mamá, estoy en la competencia.

Profesor Dávila: ¡Bravo, está muy bien! ¡Felicitaciones! Todos, lo hicieron muy bien. Vengan aquí, por favor. Y, ¿qué le pasa a la profesora? ¿Le duele la pierna?

José: Le duele el tobillo.

Profesor Dávila: ¿Pero, estás bien?

Carmen: Sí profesor, no es nada.

Profesor Dávila: Bueno, llegó la hora. Debo tomar una decisión. Los estaba observando durante los ensayos y vi que todos lo hicieron muy bien, pero tenemos un equipo que hizo un excelente trabajo en esta competencia. Pero hoy, vamos a hacer algo diferente. Quiero que escriban en este papel a quién le darían ustedes el punto, después de que trabajaron juntos. Muy bien, creo que están todos de acuerdo. Los ganadores son, ¡Carmen y José! ¡Felicitaciones!

Audio Scripts

PRESENTACIÓN DE VOCABULARIO

Level 3 Textbook pp. 452-453

TXT CD 15, Track 1

A. Eduardo y Laura han organizado un club de lectura en la biblioteca de la escuela. Allí se reúnen a leer y a analizar los distintos géneros literarios y los estilos de los autores.

B. ¡Este libro de poesía es excelente! Me gustan la rima y el ritmo de los versos.

C. Tan pronto como leí el primer capítulo de esta novela, supe que me iba a gustar. Es una sátira interesante, un símil que relaciona la vida de unos animales en un bosque. En cuanto termine de leerla, empezaré unos cuentos románticos del mismo autor.

D. Esta autobiografía de José Donoso narra los sucesos de su vida. Es interesantísima; se pueden inferir detalles de la realidad de su tiempo y hacer un análisis del carácter del autor.

E. Los temas de los ensayos de Borges son espectaculares por sus diferentes puntos de vista. El contexto y los antecedentes que utiliza son casi absurdos, pero siempre implican o simbolizan algún problema humano.

F. En el club de lectura también se leen reseñas de libros interesantes.

En "La Casa Mar" de Julio Guitea, es impactante el clímax que logra el autor en el capítulo veinticinco. Aquí, la prosa de Guitea es perfecta cuando narra cómo los protagonistas vuelan de una ventana a otra. ¡La novela es excelente y tiene un desenlace que puede significar muchas cosas!

Esta biografía sobre Rigo Peralta debería titularse como algún drama de Shakespeare, pues la vida del poeta chileno estuvo llena de momentos muy bellos y muy tristes.

La obra de Arminda Herrera es increíble. Y sus poemas están construidos con estrofas que parecen metáforas musicales.

¡A RESPONDER!

Level 3 Textbook p. 453

TXT CD 15, Track 2

Vas a oír siete frases que describen una obra literaria. Si la frase es más típica para una novela, levanta la mano derecha; si la frase es más típica para una poesía, levanta la mano izquierda.

1. Usa muchas metáforas y símiles.

2. Es un policíaco.

3. Tiene veinte capítulos.

4. Tiene dieciséis versos.

5. El protagonista narra la historia de su vida.

6. Hay una rima y un ritmo que se repiten.

7. Hay cuatro estrofas.

CONTEXTO 1 - MICRO CUENTO

Level 3 Textbook p. 455

TXT CD 15, Track 3

Eduardo Saravia es un estudiante argentino que participa en un club de escritores jóvenes. Él acaba de escribir un micro cuento y Laura Labarca, una de sus colegas, escribió unos comentarios para ayudarlo con la revisión.

El Nuevo Espejo

Alejandro era un chico triste. Vivía en una casa triste, en un barrio triste, en una ciudad triste. Una tarde lluviosa y gris, Alejandro salió de la escuela. Mientras sacaba su paraguas, miraba las cosas en el escaparate de una tienda de antigüedades. De repente le llamó la atención un espejo antiguo, en muy mala condición, con unos adornos de árboles y pájaros. Era muy feo, pero a Alejandro le gustó.

—¿Te gusta? —le dijo un hombre viejo que salía de la tienda. —Es muy barato. Te lo venderé por quince pesos.

Alejandro no pudo resistir y se llevó el espejo a la casa triste y lo colgó en una pared.

Al día siguiente, en cuanto se levantó, fue y se detuvo frente al espejo y se quedó asombrado. Se vio a sí mismo, pero la escena reflejada en el espejo era de un jardín maravilloso bajo un sol brillante. Un día se acercó y tocó el espejo con la mano, acariciando una de las flores del jardín. Qué suave es, pensó Alejandro, cerrando los ojos. Cuando los abrió, vio que ya no estaba en su casa triste. Se encontraba en el jardín del espejo, tocando una flor fantástica. Vio un espejo colgado en un muro del jardín.

Cuando Alejandro miró su reflejo, vio su casa triste, en su barrio triste, en su ciudad triste, pero él ya no estaba.

ACTIVIDAD 7 - ¿QUIÉN LO ESTABA HACIENDO?

Level 3 Textbook p. 458

TXT CD 15, Track 4

Escucha la descripción. Mira las ilustraciones y escribe una oración completa para identificar a las personas y acciones que se mencionan o que no se mencionan en la grabación.

Modelo: Una pareja sí estaba jugando al tenis.

Ayer pasé la tarde en el parque. Estaba buscando ideas para un cuento que estoy escribiendo. Estuve observando a las personas en el parque toda la tarde. Fue muy interesante. Había una pareja sentada en un banco cuando yo llegué. Ella estaba leyendo un libro y él estaba leyendo el periódico. No estaban hablando pero me pareció que se conocían. También vi a dos jóvenes que estaban tomando fotos. Él sacaba fotos de un árbol y ella estaba fotografiando a personas en el parque. Una pareja estaba dando una vuelta y conversando. Otra pareja estaba jugando al tenis. ¡Un niño estaba aprendiendo a andar en bicicleta y lo estaba logrando! Me quedé mirándolo por media hora. Entonces miré mi reloj y descubrí que ya eran las siete. Volví a casa donde mis padres me estaban esperando para ir al cine.

CONTEXTO 2 – POEMA

Level 3 Textbook p. 460

TXT CD 15, Track 5

Laura Labarca ha escrito el siguiente poema. Eduardo Saravia lo comentó para ayudarla con la revisión.

Metáforas

La luna - un gato grande - estaba mirando a los cometas. Los cometas - ratoncitos - dormían entre los planetas.

El gato se cansó y fue a dormir extendido en su silla. El sol - un perro amarillo - entró saludando al día.

Las nubes - pájaros grises - estaban volando con rapidez. El sol las vio y trató de comérselas a todas a la vez.

El perro no pudo y las nubes estaban llorando. Y por fin el sol se fue porque el gato ya estaba llegando.

PRONUNCIACIÓN

Level 3 Textbook p. 463

TXT CD 15, Track 6

La **Y**

La **y** funciona como vocal y consonante. Como vocal, en diptongos, se pronuncia como la vocal **i**. Como consonante tiene varias pronunciaciones regionales: un sonido como la **y** de la palabra *yellow* en inglés, un sonido como la **j** de la palabra *job* en inglés, un sonido /zh/ como la s de la palabra *vision* en inglés.

ya

yoga

ensayo

Trabalenguas

Hoy ya vimos el ayer y ayer imaginamos el hoy;

sin ayer no hay hoy, ni hay hoy sin el ayer.

TODO JUNTO

Level 3 Textbook pp. 465-466

TXT CD 15, Track 7

Resumen contextos 1 y 2

• Eduardo y Laura son miembros de un club de escritores jóvenes. El grupo se reúne una vez al mes para leer sus obras e intercambiar ideas y comentarios.

Audio Scripts

Contexto 3 – Diálogo

Este mes el grupo de escritores se ha reunido para hablar sobre un nuevo proyecto.

Eduardo: ¡Tengo unas noticias increíbles! El club de cine quiere filmar una de nuestras obras y hacer una película corta.

Mónica: ¡Bárbaro! ¿Qué género literario prefieren?

Eduardo: Quieren un cuento o un capítulo de una biografía o autobiografía.

Laura: Pues, son muy diferentes, ¿no?

Eduardo: Claro. Nos dijeron que escogiéramos nosotros. ¿Qué piensan?

Manuel: Bueno, Eduardo, estabas revisando tu cuento, ¿verdad?

Eduardo: Sí, y Mónica estaba trabajando en una biografía de Isabel Allende.

Manuel: Todavía no he leído el cuento de Eduardo. ¿Cómo es?

Laura: ¡Es buenísimo! El protagonista es un chico muy triste. Un día ve un espejo misterioso y lo compra. Al día siguiente se mira en el espejo y se ve reflejado en un jardín de flores bajo un sol brillante. Al final, él entra por el espejo y cuando mira el reflejo desde el otro lado, ve su casa, pero él ya no está.

Mónica: Es perfecto para una película de fantasía, surrealista, con música misteriosa.

Eduardo: Pero también está buenísima tu biografía, Mónica. Acabo de leer el episodio cuando Isabel Allende estaba trabajando como periodista en Chile y tuvo que salir del país y exiliarse en Venezuela.

Mónica: ¡Qué emocionante! Sería una película de acción; los sucesos y las tragedias personales dentro de un contexto político.

Manuel: ¡Está peludo esto de elegir! Pero tan pronto como decidamos nosotros, los del club de cine pueden empezar el proyecto.

Eduardo: Entonces, sólo hay que evaluar las ventajas y desventajas de cada uno y hacer una adaptación del mejor.

ACTIVIDAD 19 – INTEGRACIÓN

Level 3 Textbook p. 467

TXT CD 15, Track 8

Lee la reseña literaria de una nueva novela que muestran en el escaparate de una librería. Luego escucha una entrevista con su autora. Después, explica lo que aprendiste y di si te interesaría leer la novela.

FUENTE 2

TXT CD 15, Track 9

Entrevista

Escucha y apunta

¿Qué tipo de novela escribió Violeta?

¿Qué estaba haciendo la autora cuando pensó en escribir su libro?

Federico: Para las personas interesadas en las novelas históricas, tengo el gusto de estar en el estudio con Violeta Beltrán, la autora de *Historia de familia*. Buenas tardes, Violeta.

Violeta: Hola, Federico. Gracias por invitarme a tu programa. Quiero decirles que aunque no hayan leído nada de historia, esta novela es muy clara y podrán comprender muchos detalles de la historia de Chile.

Federico: Sabemos que tus abuelos son españoles, ¿no? Estaba pensando si pudiéramos hacer un análisis de la obra.

Violeta: Pues, hace un tiempo estaba revisando unos papeles y encontré el diario de mi bisabuela. Ahí tomé algunas ideas sobre sucesos y contextos históricos reales. Pero este libro es una novela. Si fuera una biografía, la protagonista sería mi bisabuela. En cambio, Camila es un personaje inventado.

Federico: Bueno, ficción o biografía, lo cierto es que tan pronto el público empiece a leer *Historia de familia*, no dejará el libro hasta llegar al desenlace. Muchas gracias por tu visita, Violeta.

Violeta: Gracias a ti. Hasta la próxima.

LECTURA LITERARIA – ARDIENTE PACIENCIA

Level 3 Textbook pp. 469-471

TXT CD 15, Track 10

El cartero, de Neruda.

Neruda arremetió con su bolsillo y extrajo un billete del rubro

«más que regular». El cartero dijo —gracias—, no tan acongojado por

la suma como por la inminente despedida. Esa misma tristeza pareció

inmovilizarlo hasta un grado alarmante. El poeta, que se disponía a entrar,

no pudo menos que interesarse por una inercia tan pronunciada.

Pablo (Neruda)

—¿Qué te pasa?

Mario (El Cartero)

—¿Don Pablo?

—Te quedas ahí parado como un poste.

Mario torció el cuello y buscó los ojos del poeta desde abajo:

—¿Clavado como una lanza?

—No, quieto como torre de ajedrez.

—¿Más tranquilo que gato de porcelana?

Neruda soltó la manilla del portón, y se acarició la barbilla.

— Mario Jiménez, aparte de *Odas elementales,* tengo libros mucho mejores. Es indigno que me sometas a todo tipo de comparaciones y metáforas.

—¿Don Pablo?

—¡Metáforas, hombre!

—¿Qué son esas cosas?

El poeta puso una mano sobre el hombro del muchacho.

— Para aclarártelo más o menos imprecisamente, son modos de decir una cosa comparándola con otra.

—Déme un ejemplo.

Neruda miró su reloj y suspiró.

—Bueno, cuando tú dices que el cielo está llorando. ¿Qué es lo que quieres decir?

—¡Qué fácil! Que está lloviendo, pu'.

—Bueno, eso es una metáfora.

—¡Claro que me gustaría ser poeta!

—¡Hombre! En Chile todos son poetas. Es más original que sigas siendo cartero. Por lo menos caminas mucho y no engordas. En Chile todos los poetas somos guatones.

Neruda retomó la manilla de la puerta, y se disponía a entrar, cuando Mario, mirando el vuelo de un pájaro invisible, dijo:

—Es que si fuera poeta podría decir lo que quiero.

—¿Y qué es lo que quieres decir?

—Bueno, ése es justamente el problema. Que como no soy poeta, no puedo decirlo.

—Si quieres ser poeta, comienza por pensar caminando. ¿O eres como John Wayne, que no podía caminar y mascar chiclets al mismo tiempo? Ahora te vas a la caleta por la playa y, mientras observas el movimiento del mar, puedes ir inventando metáforas.

—¡Déme un ejemplo!

—Mira este poema: «Aquí en la Isla, el mar, y cuánto mar. Se sale de sí mismo a cada rato. Dice que sí, que no, que no. Dice que sí, en azul, en espuma, en galope. Dice que no, que no. No puede estarse quieto. Me llamo mar, repite pegando en una piedra sin lograr convencerla. Entonces con siete lenguas verdes, de siete tigres verdes, de siete perros verdes, de siete mares verdes, la recorre, la besa, la humedece, y se golpea el pecho repitiendo su nombre.»

Hizo una pausa satisfecho.

—¿Qué te parece?

—Raro.

—«Raro.» ¡Qué crítico más severo que eres!

—No, don Pablo. Raro no lo es el poema. Raro es como yo me sentía cuando usted recitaba el poema.

—Querido Mario, a ver si te desenredas un poco, porque no puedo pasar toda la mañana disfrutando de tu charla.

—¿Cómo se lo explicara? Cuando usted decía el poema, las palabras iban de acá pa'llá.

—¡Como el mar, pues!

—Sí, pues, se movían igual que el mar.

Audio Scripts

—Eso es el ritmo.

—Y me sentí raro, porque con tanto movimiento me maré.

—Te mareaste.

—¡Claro! Yo iba como un barco temblando en sus palabras.

Los párpados del poeta se despegaron lentamente.

—Como un barco temblando en mis palabras.

—¡Claro!

—¿Sabes lo que has hecho, Mario?

—¿Qué?

—Una metáfora.

—Pero no vale, porque me salió de pura casualidad, no más.

—No hay imagen que no sea casual, hijo.

REPASO DE LA LECCIÓN - LISTEN AND UNDERSTAND

Level 3 Textbook p. 474

TXT CD 15, Track 11

Sara Irúñez, una autora paraguaya, está dando una conferencia sobre sus obras. Escucha sus comentarios y luego contesta las siguientes preguntas.

Muy buenos días, señoras y señores. ¡Cuánto me alegro estar con ustedes! Me pidieron los organizadores de la conferencia que hablara un poco sobre mis obras y mi vida antes de leer unos cuentos nuevos. Ojalá que estos temas les agraden... Bueno, antes de que empecé a escribir profesionalmente, estaba trabajando en una oficina como secretaria. Durante mis ratos libres, escribía descripciones satíricas de las personas que entraban en la oficina todos los días. Después de unos meses, decidí incorporar a algunos de estos personajes en un cuento romántico. Lo mostré a un amigo y él me aconsejó que lo enviara a una revista popular en Asunción para que los editores lo leyeran y comentaran. Fue una sorpresa enorme cuando la revista lo publicó, pero eso es exactamente lo que pasó. Después los editores de la revista me pidieron que les enviara más, con tal de que escribiera en otros estilos también – cuentos policíacos y de suspenso. Lo hice y me los publicaron también. ¡Casi sin darme cuenta me había convertido en una escritora profesional! No me lo esperaba. Desde entonces he escrito obras en otros géneros – la poesía infantil, una novela corta, unos ensayos para el periódico de la ciudad y hasta unos dramas para el teatro local. Ahora estoy pensando que es hora de empezar mi autobiografía. Hace veinte años que trabajo como escritora y me parece que sería interesante contar mi propia historia. Pero como no quiero ofender a nadie, tal vez sea mejor que el libro sea una obra de ficción. Nunca he podido resistir las caricaturas satíricas. Tengo unas anécdotas muy cómicas para contar, ¡con tal de que no incluya los nombres verdaderos de la gente!

WORKBOOK SCRIPTS
WB CD 4

INTEGRACIÓN HABLAR

Level 3 Workbook p. 353

WB CD 4, Track 21

Escucha el mensaje que dejó Sebastián en el teléfono de Julia. Toma notas.

FUENTE 2

WB CD 4, Track 22

Sebastián: Hola, Julia, es Sebastián. Recibí tu correo electrónico. Me gusta lo que vas a presentar en el concurso; tiene unas metáforas muy bonitas. Aunque sólo tiene dos estrofas, creo que es muy bueno. El tema de encontrarte contigo misma es muy interesante. Yo voy a presentar lo que escribí esta semana. Anoche me quedé terminándolo. Hice más fuerte el clímax; además, siempre me ha gustado escribir sobre un viaje al futuro.

INTEGRACIÓN ESCRIBIR

Level 3 Workbook p. 354

WB CD 4, Track 23

Escucha a Pablo hablando en una entrevista que le hicieron en la radio. Toma notas.

FUENTE 2

WB CD 4, Track 24

Usted me pregunta sobre mi cuento "Por qué soy así". Pensé en este cuento un día en que todos se fueron y me quedé hablando solo en la cafetería. Pensé que todo mi cuerpo se me iba a salir por la boca; tenía muchas palabras que decir. Es un cuento interesante, pero igual a otros. Tiene los siguientes elementos narrativos: un autor, un título, un protagonista, un antecedente, un clímax y un desenlace.

ESCUCHAR A, ACTIVIDAD 1

Level 3 Workbook p. 355

WB CD 4, Track 25

Escucha a Daniela. Luego, marca con una X las cosas que hizo.

Me llamo Daniela y me encanta leer cuentos. Anoche me quedé leyendo un cuento sobre civilizaciones del futuro. Para que mi hermano no viera que estaba leyendo y se lo dijera a mi mamá, cerré la puerta y leí con una lámpara pequeña. Aunque siempre leo este tipo de cuentos, anoche tuve un poco de miedo. Creo que es porque estaba leyendo casi con la luz apagada.

ESCUCHAR A, ACTIVIDAD 2

Level 3 Workbook p. 355

WB CD 4, Track 26

Escucha a Gastón. Luego, completa las oraciones con las palabras de la caja.

Mi hermana cree que yo no sé que ella lee por la noche. Mi mamá no quiere que ella lea de noche porque no duerme. Todos sabemos que dormir es necesario. Mi mamá no deja que mi hermana esté despierta por la noche, a menos que salga con amigos. Aunque eso casi no pasa. Ella prefiere estar en casa. Desde hace años, mi hermana se queda leyendo los sábados por la noche, cuando sus amigas salen.

ESCUCHAR B, ACTIVIDAD 1

Level 3 Workbook p. 356

WB CD 4, Track 27

Escucha a Raúl. Completa la tabla con las cosas que escribe cada uno de los chicos. Luego escribe oraciones completas.

Me llamo Raúl. Mis amigos y yo hemos organizado un club de escritores. Aunque somos muchos miembros, hay mucho que leer. Gabriela escribe las metáforas más bonitas que he leído. Julián escribe cuentos de fantasía para que soñemos despiertos. A Ernesto le gusta investigar y escribe biografías de personas famosas. Susana prefiere escribir dramas. Ella quiere escribir dramas para el teatro. Yo empecé escribiendo cuentos, pero ahora escribo novelas.

ESCUCHAR B, ACTIVIDAD 2

Level 3 Workbook p. 356

WB CD 4, Track 28

Escucha a Gabriela. Luego, completa las oraciones.

Me llamo Gabriela. Tomo parte en un club de escritores. Creo que todos pueden ser miembros a menos que no les guste la literatura. Es un club abierto para que todos participen. Hace algunos años que escribo poesías. Fui aprendiendo con algunos cursos que hice. También leo a otros autores para aprender de ellos. En cuanto pueda, quiero publicar un libro de poemas.

ESCUCHAR C, ACTIVIDAD 1

Level 3 Workbook p. 357

WB CD 4, Track 29

Escucha a Carina y toma apuntes. Luego ordena del 1 al 6 los eventos de la historia de Carina.

Me llamo Carina. Mi papá ayuda a los escritores jóvenes a publicar sus libros. Mi amigo Andrés escribe unos cuentos fantásticos. La semana pasada, después de que él nos prestó los cuentos, yo se los di a mi papá para que vea si podemos publicarlos. Mi papá me los dará antes de que Andrés se dé cuenta de algo.

Audio Scripts

Tan pronto como mi papá me dé una respuesta, yo le voy a dar la noticia a Andrés.

ESCUCHAR C, ACTIVIDAD 2

Level 3 Workbook p. 357

WB CD 4, Track 30

Escucha a Andrés y toma apuntes. Luego, contesta las preguntas con oraciones.

Andrés: Me llamo Andrés. Yo escribo cuentos de terror. A veces, a mis amigos les da miedo cuando los leen. Otras veces, ellos se ríen. La semana pasada, les di mis últimos cuentos y, ayer, ellos todavía los estaban leyendo. A menos que les hayan gustado mucho, no entiendo por qué tardan tanto en leerlos. Espero que así sea. Yo quiero publicar un libro en cuanto escriba diez cuentos más. Voy a intentar publicar un libro de veinte cuentos de terror.

ASSESSMENT SCRIPTS
TEST CD 4

LESSON 1 TEST: ESCUCHAR ACTIVIDAD A

Modified Assessment Book p. 278

On-level Assessment Book p. 359

Pre-AP Assessment Book p. 278

TEST CD 4, Track 19

Escucha el siguiente audio. Luego completa la actividad A.

Mario Benedetti es un escritor uruguayo que nació en 1920. Sus padres le pusieron un nombre muy largo: Mario Orlando Hamlet Hardy Brenno es su nombre completo. «Eran esas costumbres italianas de meter muchísimos nombres», dijo Benedetti en una entrevista. La obra de Mario Benedetti se desarrolla en todos los géneros literarios, incluso famosas letras de canciones. En total son setenta obras, pero, entre ellas, destacan la poesía y el cuento. Su novela más famosa se titula *Primavera con una esquina rota*, con la que, en 1987, recibió el Premio Llama de Oro de Amnistía Internacional.

La obra de Benedetti se destaca por su capacidad de comunicar. Benedetti quiere establecer un clima en el que el lector sienta que está charlando con el autor. El propio autor dijo: «No escribo para el lector que vendrá, sino para el que está aquí».

ACTIVIDAD B

Modified Assessment Book p. 278

On-level Assessment Book p. 359

Pre-AP Assessment Book p. 278

TEST CD 4, Track 20

Escucha el siguiente audio. Luego completa la actividad B.

El cuento de Horacio Quiroga que leí se titula «La tortuga gigante». Se trata de un hombre viejo que estaba enfermo. Su amigo, que era dueño de un zoológico, le dijo que se fuera a vivir al campo. Ahí vivió por varios años. Cazaba animales para enviarlos al zoológico. Un día, vio que un tigre quería comerse a una tortuga gigante. El hombre se acercó. Cuando el tigre lo vio, saltó sobre él, pero el hombre era un buen cazador y mató al tigre. Después, llevó a la tortuga a su casa y ahí la protegió hasta que la tortuga volvió a caminar. Después, el hombre viejo se enfermó y no podía caminar. La tortuga, entonces, lo llevó hasta la ciudad. Cuando llegaron, el dueño del zoológico ayudó al hombre viejo y, a la tortuga, le dio un lugar para vivir y mucha comida.

HABLAR

Pre-AP Assessment Book p. 283

TEST CD 4, Track 21

Escucha el mensaje telefónico de tu madre y lee la carta que te envió tu padre. Completa la actividad.

FUENTE 2

TEST CD 4, Track 22

Hijo, ¿cómo estás? Tu padre y yo estamos pensando mucho en ti. Hace dos semanas que no sabemos de ti. Yo sé que es muy complicado para ti llamar por teléfono, pero nos encantaría saber cómo te la estás pasando en Buenos Aires. Tu padre te escribió un mensaje y no sabemos si ya lo recibiste. Cuenta lo que has estado haciendo en la escuela, en la ciudad, con tus compañeros…

Nosotros estamos bien, con algo de frío, pero bien en general. Esperamos tu respuesta. ¡Un beso grande!

ESCRIBIR

Pre-AP Assessment Book p. 284

TEST CD 4, Track 23

Escucha algunos datos biográficos sobre el poeta chileno Pablo Neruda.

FUENTE 2

TEST CD 4, Track 24

Neruda es uno de los más grandes poetas del idioma español del siglo veinte. Neruda escribió mucho. Su obra presenta desde poemas de amor, poemas surrealistas, historias épicas y poemas políticos, hasta poemas de temas simples sobre la vida cotidiana y la naturaleza.

Neruda publica sus primeros poemas en el periódico regional La Mañana, en la ciudad de Temuco, cuando apenas tenía trece años de edad.

En 1923, publica *Crepusculario*. Al año siguiente, aparecen sus *Veinte poemas de amor y una canción desesperada*.

En 1926, publica tres libros *El habitante y su esperanza*, *Anillos* y *Tentativa del hombre infinito*.

En 1945, le dan el premio Nacional de Literatura en Chile.

En 1950, publica *Canto General*, texto en que su poesía es social, ética y política.

En octubre de 1971, Neruda recibió el Premio Nóbel de Literatura.

Un año después de su muerte, se publicó su autobiografía *Confieso que he vivido*.

HERITAGE LEARNER SCRIPTS
HL CDs 2 & 6

INTEGRACIÓN HABLAR

Level 3 HL Workbook p. 355

HL CD 2, Track 25

Escucha un fragmento de la transmisión por radio Internet que hizo Amapola Peralta, una novelista chilena. Toma notas. Luego completa la actividad.

FUENTE 2

HL CD 2, Track 26

Creo que la forma como yo escribo, simple, sencilla, al grano, es lo que los lectores de esta época buscan. Para mí no hay necesidad de reinventar la literatura. Lo difícil es ser así fácil y al mismo tiempo fresca, con una gran dosis de calidad, eso sí. La literatura no es tan complicada como muchos autores o lectores la consideran. Los tiempos de la experimentación ya quedaron atrás. Lo difícil es contar algo nuevo, algo que no aburra, hallar un desenlace sorpresivo, una metáfora no descubierta, un clímax que te emocione. Bueno, eso es lo que yo pienso.

INTEGRACIÓN ESCRIBIR

Level 3 HL Workbook p. 356

HL CD 2, Track 27

Ahora vas a escuchar el anuncio de radio de un taller para escritores. Toma notas. Luego completa la actividad.

FUENTE 2

HL CD 2, Track 28

¿Quiere ser famoso? ¿Quiere escribir sus memorias para dejárselas a sus descendientes? Cualquiera que sea su propósito para aprender a escribir mejor, el laureado poeta argentino Iñigo Regalado le invita a pasar un verano escribiendo en la capital sudamericana de la literatura: Buenos Aires. Los cursos disponibles abarcan varios géneros, entre ellos, poesía, cuento, novela, teatro y guión. Además, habrá un taller de ortografía gratis para todos los asistentes. Engrandezca su portafolio o descubra su talento. Los estudiantes participarán en entrevistas individuales con el señor Regalado, que estará disponible como maestro residente, cinco horas diarias. Y todos los días, al cierre de la academia, Buenos Aires le espera para divertirse. Inscríbase pronto. El cupo está limitado a veinte personas.

Audio Scripts

LESSON 1 TEST: ESCUCHAR
ACTIVIDAD A

HL Assessment Book p. 284

HL CD 6, Track 19

Escucha la conversación entre Ernesto y Alicia y contesta las preguntas con oraciones completas.

Alicia: Ernesto, ¿te gusta la poesía?

Ernesto: Me encanta, aunque disfruto más de las novelas.

Alicia: Pues esta semana vamos a leer poesía en casa de Giovanny. ¿Quieres ir?

Ernesto: Claro que sí. ¿Debo llevar algo?

Alicia: Sólo tienes que llevar tus poemas favoritos. ¿Sabes leer poesía?

Ernesto: Pues, he leído muchos poemas, pero, ¿a qué te refieres?

Alicia: Es que no es lo mismo leer póesia en voz baja que leer poesía en voz alta. Tienes que entender el concepto del ritmo.

Ernesto: ¿El ritmo?

Alicia: Cuando lees un en voz alta te das cuenta de que las rimas del poeta le dan ritmo al poema.

Ernesto: Nunca he leído en voz alta, pero creo que entiendo a qué te refieres.

Alicia: Es cuestión de práctica, Ernesto. La poesía es como la música. Tienes que escucharla para poder apreciarla totalmente.

Ernesto: Es un punto de vista interesante. Nunca lo había pensado antes.

Alicia: De eso se trata la reunión. Vamos a aprender más sobre la poesía juntos.

Ernesto: Excelente. Allí nos vemos, Alicia.

ACTIVIDAD B

HL Assessment Book p. 284

HL CD 6, Track 20

Escucha lo que Martín tiene que decir y contesta las siguientes preguntas con oraciones completas.

Martín: Hoy pasé todo el día leyendo un cuento policíaco. El cuento se titula *El diamante perdido* y se trata del robo de una joya en la mansión de un hombre muy rico. Es tan entretenido su argumento que no pude dejar de leerlo. La prosa del autor es muy sencilla y el ritmo de la narración es ágil, lo cual ayuda bastante en la lectura. El tema del cuento es típico de este género literario. El protagonista es un detective que tiene que averiguar quién se robó una joya, que había desaparecido durante una fiesta en la mansión. Los sucesos que acontecen durante esa fiesta son narrados por diferentes invitados y cada cual lo hace desde su punto de vista, de modo tal que el detective tiene que construir su propia historia con las distintas versiones y aproximarse así a la realidad. El desenlace es muy interesante, puesto que el ladrón de la joya resultó ser el dueño de la casa, que cometió el delito por razones que no debo decir aquí, para que otros lectores puedan descubrirlas por sí mismos.

HABLAR

HL Assessment Book p. 301

HL CD 6, Track 21

Escucha el mensaje telefónico de tu madre y lee la carta que te envió tu padre. Completa la actividad.

FUENTE 2

HL CD 6, Track 22

Hijo, ¿cómo estás? Tu padre y yo estamos pensando mucho en ti. Hace dos semanas que no sabemos de ti. Yo sé que es muy complicado para ti llamar por teléfono, pero nos encantaría saber cómo la estás pasando en Buenos Aires. Tu padre te escribió un mensaje y no sabemos si ya lo recibiste. Cuenta lo que has estado haciendo en la escuela, en la ciudad, con tus compañeros…

Nosotros estamos bien, con algo de frío, pero bien en general. Esperamos tu respuesta. ¡Un beso grande!

ESCRIBIR

HL Assessment Book p. 290

HL CD 6, Track 23

Escucha algunos datos biográficos sobre el póeta chileno Pablo Neruda.

FUENTE 2

HL CD 6, Track 24

Neruda es uno de los más grandes poetas del idioma español del siglo veinte. Neruda escribió mucho. Su obra presenta desde poemas de amor, poemas surrealistas, historias épicas y poemas políticos, hasta poemas de temas simples sobre la vida cotidiana y la naturaleza.

Neruda publica sus primeros poemas en el periódico regional *La Mañana*, en la ciudad de Temuco, cuando apenas tenía trece años de edad.

En 1923, publica *Crepusculario*. Al año siguiente, aparecen sus *Veinte poemas de amor y una canción desesperada*.

En 1926, publica tres libros *El habitante y su esperanza*, *Anillos* y *Tentativa del hombre infinito*.

En 1945, le dan el premio Nacional de Literatura en Chile.

En 1950, publica *Canto General*, texto en que su poesía es social, ética y política.

En octubre de 1971, Neruda recibió el Premio Nóbel de Literatura.

Un año después de su muerte, se publicó su autobiografía *Confieso que he vivido*.

Audio Scripts

UNIDAD 8, LECCIÓN 2
TEXTBOOK SCRIPTS
TXT CD 16

PRESENTACIÓN DE VOCABULARIO

Level 3 Textbook pp. 478-479

TXT CD 16, Track 1

A. *Colón agarra viaje a toda costa* es una obra muy interesante; por eso, quiero tomar unas notas antes de representarla. Todos los directores de teatro lo hacen.

Notas del director para la obra de teatro *Colón agarra viaje a toda costa*:

Importante: Para dirigir esta obra hay que investigar los antecedentes históricos que utilizó el dramaturgo para describir al personaje principal. El tema de la obra es irónico y algunos de los diálogos son muy cómicos.

Mario es el actor escogido para hacer el papel principal. Es evidente que Cristóbal Colón es un personaje complejo y singular, pero hay que darse cuenta de que Mario es un actor estupendo. El proceso de creación de esta obra es fascinante porque Colón para muchos fue un farsante codicioso y avaro. Para otros fue atrevido, persistente y con un gran coraje.

La dirección de escenografía debe ser excelente, nada que sea poco original. Es obvio que el público tiene que ver los nombres de los barcos.

B. Siempre he soñado con el éxito, que el público aplauda en el intermedio. Y cuando termine la obra, reclamen que el director salga a saludar.

C. Es importante que Mario ensaye mucho. También tenemos que asegurar que el vestuario sea perfecto.

¡A RESPONDER!

Level 3 Textbook p. 479

TXT CD 16, Track 2

Vas a oír siete frases de la presentación de una obra de teatro. Si la frase es verdadera, indícalo con el dedo pulgar hacia arriba. Si la frase es falsa, indícalo con el dedo pulgar hacia abajo.

1. Los actores se visten con el telón.
2. El acomodador prepara la escenografía.
3. Normalmente, el guión tiene mucho diálogo.
4. El dramaturgo dirige el ensayo.
5. Los actores ensayan delante del público.
6. Todos los actores sueñan con el éxito.
7. El público aplaude cuando el telón baja.

CONTEXTO 1 - OBRA DE TEATRO

Level 3 Textbook p. 481

TXT CD 16, Track 3

Colón agarra viaje a toda costa, Parte 1

La dramaturga argentina Adela Basch escribió esta obra de teatro, donde cuenta cómo ella cree que se le ocurrió a Cristóbal Colón la idea de viajar en busca de nuevas tierras.

Presentador: Estimado público, hoy vamos a imaginar la historia de un singular personaje, de sus búsquedas y de sus viajes. Para algunos, fue un hombre intrépido y valeroso.

Presentadora: Para otros, fue solamente un ambicioso.

Presentador: Para algunos, fue un gran navegante.

Presentadora: Para otros, fue sólo un farsante.

Presentador: Para algunos, quiso ir más allá de los límites del saber.

Presentadora: Para otros, sólo buscaba honores y poder.

Presentador: Para algunos, fue un visionario.

Presentadora: Para otros, trataba de hacerse millonario.

Presentador: Para algunos, fue brillante y generoso.

Presentadora: Para otros, fue avaro y codicioso.

Presentador: Para algunos, fue todo generosidad y grandeza.

Presentadora: ¿Qué?

Presentador: Dije: ¡generosidad y grandeza! ¡Grandeza! ¡Gran-de-za!

Presentadora: ¿Grande ésa? ¿Grande ésa? ¿Grande ésa qué?

Presentador: ¡Grande esa idea que se le apareció en la cabeza! ¡Salir de viaje!

ACTIVIDAD 7 - ¡EXCUSAS!

Level 3 Textbook p. 485

TXT CD 16, Track 4

Daniela dio una fiesta el sábado pero varias personas no fueron. El lunes todos le explicaron sus razones. Escucha las explicaciones, elige el dibujo que corresponde, escribe el nombre de la persona y escribe una oración que explique por qué esa persona no fue a la fiesta.

Rafael: ¡Ay, Daniela!

Daniela: Hola, Rafael, ¿Cómo estás?

Rafael: Bien, gracias. ¿Qué tal estuvo la fiesta? No vas a creer qué me pasó el sábado.

Daniela: ¿A ver?

Rafael: Pues, estaba manejando hacia tu casa y de repente se me descompuso el auto. No sé qué le pasó pero cuando empezó a echar humo decidí llamar a mi padre.

Daniela: Pues me alegro de que estés bien y no haya sido más grave. Ah, allí está Jorge que tampoco fue. Vamos a preguntarle qué sucedió.

Jorge: Hola Daniela, hola Rafael. ¿Qué tal la fiesta?

Rafael: Bueno, se me descompuso el auto y no llegué. ¿Y tú?

Jorge: Uy, mi madre se cayó y se rompió el brazo. Tuvimos que llevarla al hospital.

Daniela: Ojalá se sienta mejor pronto.

Jorge: Gracias.

Daniela: Hola, Raquel, ¿qué te pasó el sábado?

Raquel: Ay, Daniela, perdóname. No tengo buena excusa. Estaba viendo la película *El cartero de Neruda* con mis hermanos y se me olvidó por completo tu fiesta.

Daniela: Ay, Raquel, eres increíble. Oye, Silvia, ¿Qué tal?

Silvia: Hola. ¿Cómo están todos? ¿Cómo les fue en la fiesta?

Daniela: Silvia, ¿por qué no viniste?

Silvia: Perdona, Daniela. Estaba estudiando y preparando un experimento para mi clase de física.

Jorge: Silvia, ¿cómo puedes cambiar una fiesta por estudiar?!

Silvia: Bueno…Hola, Javier.

Daniela: Javier, ¿qué te pasó el sábado? No viniste a mi fiesta.

Javier: Ay, perdona, Daniela. Se me perdieron las llaves y pasé toda la noche buscándolas.

Raquel: ¿Las encontraste?

Javier: Sí, por fin. Parece que se me cayeron en mi cuarto. Las encontré debajo de la cama.

Daniela: A ti se te pierden muchas cosas, Javier. La semana pasada se te perdió la tarea de literatura.

Javier: Sí, soy un desastre. Si algún día se me pierde la cabeza ¡estaré completamente perdido!

CONTEXTO 2 - OBRA DE TEATRO

Level 3 Textbook p. 486

TXT CD 16, Track 5

Colón agarra viaje a toda costa, Parte 2

A Colón se le apareció una idea en la cabeza: ¡Salir de viaje! Aquí continúa el drama.

Presentador: De Colón se sabe poco. Pero existe la certeza de que se le encendió una idea persistente en la cabeza.

Presentadora: Siempre sintió gran curiosidad por saber qué había más allá.

Presentador: Ustedes preguntarán: ¿más allá de qué?

Colón: Me pregunto qué hay más allá de esta orilla, más allá de mi sol y de mi tierra, más allá de mi calle, de mi mesa, de mi silla. Me pregunto si habrá maravillas, ciudades sorprendentes, islas misteriosas, personas diferentes... Me pregunto si habrá lagos, montañas, ríos, llanuras. ¡Y siento un irresistible deseo de aventura!

Presentador: Se sabe muy poco sobre Colón y sobre su vida.

Presentadora: Pero es seguro que se hacía una pregunta muy atrevida.

Colón: ¿Qué habrá más allá del mar?

Presentador: También se sabe con certeza que, cada tanto, Colón se sentía reclamado...

Presentadora: ¡Por un poderoso y fuerte llamado!

Se escucha golpear a una puerta y no sabemos si está cerrada o está abierta.

PRONUNCIACIÓN

Level 3 Textbook p. 489

TXT CD 16, Track 6

La letra **Z**

En Latinoamérica se pronuncia la **z** como /s/. Recuerda que el sonido /s/ también se produce por las combinaciones **ce** y **ci**.

En España, la **z** y la combinación **ce** o **ci** se pronuncian como la *th* de la palabra *thin* en inglés.

zorro

zoológico

razonar

almorzar

Refrán

Zapatero, a tus zapatos.

TODO JUNTO

Level 3 Textbook pp. 491-492

TXT CD 16, Track 7

Resumen contextos 1 y 2

Este drama presentado aquí en cuatro partes cuenta cómo Cristóbal Colón tuvo la idea de viajar a nuevas tierras.

Contexto 3–Obra de teatro

Colón agarra viaje a toda costa (Parte 3)

En esta tercera parte del drama, Cristóbal Colón recibe un mensaje donde alguien le dice que se vaya de viaje a descubrir nuevos horizontes.

Audio Scripts

Colón está en su casa, seguramente pensando en lo que pasa. Golpean a la puerta, que dentro de un instante va a estar abierta.

Colón: ¿Quién es?

Presentador: ¡Cartero!

Le entrega una botella con un mensaje. Colón lo lee, interesadísimo.

Colón: «¿Te vas a pasar la vida preguntando y preguntando? ¿Por qué no tratás de hacer algo? El mundo no termina a la vuelta de la esquina, pero eso solamente lo ve él que camina. ¡Vamos! Detrás del horizonte siempre hay algo más. Hay rutas desconocidas con mil posibilidades, hay montañas, ríos, selvas y ciudades.»

Colón interrumpe por un momento la lectura del mensaje. Tiene unas ganas bárbaras de salir de viaje. Pero no sabe bien qué hacer.

Colón: Sí, sí, pero ¿qué hago? Yo no tengo barcos, ni botes, ni veleros y, sobre todo, no tengo dinero. Soy un seco, un tirado y no voy a cruzar el mar a nado. ¿Qué hago, qué hago, qué hago?

Sigue leyendo el mensaje. Tal vez encuentre alguna palabra que le dé coraje.

ACTIVIDAD 18 – INTEGRACIÓN
Level 3 Textbook p. 493

TXT CD 16, Track 8

Lee las reseñas a una obra de teatro que salieron en una revista de espectáculos. Luego, escucha la opinión de otro crítico en la televisión. Explica si la obra tiene elementos interesantes o no, y por qué.

FUENTE 2
TXT CD 16, Track 9

Reporte televisivo

Escucha y apunta

¿Qué elementos importantes destaca el crítico de la televisión?

¿Qué espera el crítico de la televisión?

Buenas noches, amigos. Estoy en la puerta del teatro "Los Andes". Es difícil determinar si *El mundo es un pañuelo*, la nueva obra de Martín Caso, es buena o mala. Durante ratos me reí muchísimo. En otros momentos estaba esperando que llegara el intermedio. Los actores son excelentes y la escenografía y vestuario son de calidad. El guión tiene elementos importantes pero es obvio que hay cosas absurdas. No me arrepiento de haber pasado la noche en el teatro, pero espero que la próxima obra de Caso sea un poco más atractiva.

Desde Santiago de Chile, les informó Ángel Jaiva.

LECTURA LITERARIA
Level 3 Textbook pp. 495-497

TXT CD 16, Track 10

Colón agarra viaje a toda costa (Parte 4)

En esta cuarta y última parte de la obra, Colón, después de leer un mensaje que le mandaron en una botella, decide ir a ver a los reyes de Castilla y Aragón en busca de apoyo financiero para sus planes de viaje...

Colón escucha que alguien llama a su puerta.

Colón: ¿Quién es?

Presentador: ¡Botellerooooooo! Perdón, cartero.

Colón sale a la puerta que, por supuesto, está abierta y encuentra una botella con un mensaje. Lo lee en voz alta.

Colón: «Vamos, Colón, el mar te espera. Sea como sea, tenés que conseguir tres carabelas. No dejes que el desaliento te inunde el corazón. Andá a ver a los reyes de Castilla y Aragón.»

Colón interrumpe un momento la lectura del mensaje y habla en voz alta consigo mismo.

Colón: Pero si ya fui como veinte veces y no pasa nada. Siempre me dicen: vuelva otro día, vuelva otro día.

Sigue leyendo el mensaje.

«¿Y quién te dijo que hoy no es otro día? »

Colón se va.

Presentadora: ¡Atención! ¡Atención!

Presentador: Vamos a informar a la población.

Presentadora: ¡Los reyes de Castilla y Aragón han logrado unificar España y se creen capaces de cualquier hazaña! ¡Los reyes de Castilla y Aragón empiezan a soñar con la expansión!

Presentadora: ¡Y ahora tal vez les interese el proyecto de Colón!

Presentador: ¡A la reina de Castilla los bellos ojos le brillan cuando piensa en la otra orilla!

Narrador: El presentador y la presentadora se van. Y nos encontramos ante la reina de Castilla y el rey de Aragón en sus tronos. Colón entra, hace una reverencia y permanece de pie.

Colón: ¡Salud, altezas! Espero que ahora estén dispuestos a financiar mi empresa. Les ofrezco una aventura insólita y valiente: navegar hacia el oeste para llegar a Oriente. ¡Internarse en el misterio del mar abierto, buscar otros rumbos y otros puertos!

Reina: Cristóbal Colón, me has convencido. Empezá a prepararte. Tu pedido ha sido concedido.

Presentador: Las carabelas y sus navegantes van por un camino que nadie tomó antes.

Presentadora: Van a enfrentar lo que nadie ha visto y nadie ha oído. ¡Van al encuentro de lo desconocido!

Narrador: Colón y su tripulación ya llevan muchos días navegando sin ninguna indicación de las tierras que buscan. Desesperados, los hombres empiezan a quejarse...

Colón: ¿Qué son esos gritos? ¿Qué pasa?

Luis y Pedro: ¡Que-re-mos vol-ver a ca-sa!

Colón: Tengan un poco de paciencia. Ya falta poco.

Luis: ¡Qué paciencia ni qué ocho cuartos! Ya estamos hartos.

Colón: ¡Qué mar, qué cielo, qué día! ¡Qué mar... avilla! ¡Creo que estamos cerca de la orilla!

Pedro: ¡Tieee...! ¡Tieeee...! ¡Tieeeeeeee...! ¡TIERRA! ¡TIERRA! ¡TIERRA!

Presentador: Estimado público, agradecemos mucho su valiente compañía en esa difícil y osada travesía.

Presentadora: ¡Aquí ponemos fin a la navegación y en este momento termina la función!

REPASO DE LA LECCIÓN – LISTEN AND UNDERSTAND
Level 3 Textbook p. 500

TXT CD 16, Track 11

Carmela Castelo hace comentarios de teatro para una emisora de radio de Buenos Aires. Hoy está hablando de su reacción a una nueva obra de teatro. Escucha sus comentarios y luego contesta las siguientes preguntas.

Carmela Castelo: ¡Hola, mis queridos radioyentes! Les habla Carmela Castelo con la reseña de la semana. Ya sabrán que a mí no me gusta hacer comentarios negativos. ¡Es la verdad! Si no puedo decir nada bueno, no digo nada. Así que... [pausa grande] la reseña de esta semana va a ser muy corta! Bueno, ojalá no tuviera que decirlo, pero la nueva obra en el Teatro Liceo, *El avaro codicioso*, realmente no vale la pena. Les recomiendo que se queden en casa y ahorren su dinero -- ¡cómo hace el protagonista de la obra, un avaro viejo y mísero! Los problemas empiezan con el guión, que no da ninguna motivación para los personajes y relata una serie de sucesos poco

---

probables y menos interesantes. ¡Menos mal que el dramaturgo no estuviera en el teatro para ver la reacción negativa del público! Realmente se me ocurrió irme durante el primer acto, pero no quería ofender a los pobres actores, que estaban haciendo todo lo que podían para salvar la situación. Desgraciadamente, era imposible que hasta los mejores esfuerzos pudieran salvar este desastre teatral. Al otro lado, me alegro decirles que la escenografía es buena y el vestuario es magnífico, pero con eso, se me acaban los cumplidos. Y no me van a creer, pero al final, ¡la situación se puso aún peor! Mientras todos esperábamos y esperábamos para que se cayera el telón, ¡el director salió para explicar que el telón ya se les había roto y no era posible bajarlo! ¡El toque final perfecto para una experiencia catastrófica! De todos modos, el público aplaudió mucho; ¡creo que era para expresar su alegría de que la producción por fin se hubiera terminado! Y con eso, no digo más... sino que ojalá que mi próxima reseña sea más positiva. Hasta la próxima, entonces, queridos...

COMPARACIÓN CULTURAL: CUNA DE AUTORES FAMOSOS
Level 3 Textbook pp. 502-503

TXT CD 16, Track 12

Argentina, Rafaela

Hola, soy Rafaela Buchman y vivo en Buenos Aires, Argentina. Me encanta la literatura y quiero contarles que tres autores argentinos han ganado el premio Cervantes: Jorge Luis Borges, Ernesto Sábato y Adolfo Bioy Casares. A mí me encanta la obra de Borges, porque es un autor fascinante. Nació en Buenos Aires, vivió en Europa por un tiempo, y luego regresó a Buenos Aires, donde trabajó en la Biblioteca Nacional por muchos años. Escribía en español y en inglés, y sabía mucho latín. Sus cuentos son una mezcla de fantasía y realidad, con imágenes de laberintos, espejos y sueños. Ganó el premio Cervantes en 1979. Cuando aceptó el premio, dijo que «el escritor tiene que sentir, luego soñar, y luego dejar que le lleguen las fábulas».

Chile, Aníbal

¿Qué tal? Me llamo Aníbal Duarte y soy de Santiago de Chile. Me encanta escribir y pienso estudiar literatura en la Universidad de Santiago. Mi autor favorito es Gonzalo Rojas. Este escritor nació en Lebu, trabajó en el periódico El Tarapacá y luego creó la revista Letras. Estudió derecho en la Universidad de Santiago, dio clases en el Colegio Alemán de Valparaíso y participó en la creación de la universidad de esa ciudad. Fue consejero cultural en China y encargado de negocios en Cuba. Ganó muchísimos premios, entre ellos el Premio Cervantes en el año 2004.

REPASO INCLUSIVO: ESCUCHA Y COMPRENDE
Level 3 Textbook p. 506

TXT CD 16, Track 13

Escucha este poema de Gabriela Mistral. Presta mucha atención a la rima y al ritmo. Luego, contesta las preguntas a continuación.

Dame la mano

Dame la mano y danzaremos,

dame la mano y me amarás.

Como una sola flor seremos,

como una flor, y nada más...

El mismo verso cantaremos,

al mismo paso bailarás.

Como una espiga ondularemos,

como una espiga, y nada más.

Te llamas Rosa y yo Esperanza;

Audio Scripts

pero tu nombre olvidarás,
porque seremos una danza
en la colina y nada más.

CONVERSACIÓN SIMULADA

Level 3 Workbook p. 376

WB CD 4, Track 31

You are going to participate in a simulated telephone conversation with your friend, Federico. First, read the outline of the whole conversation below. Next, listen to the audio. You will hear only what Federico says to you. Then, listen to the audio again and fill in the pauses with the appropriate responses, according to your cues. A tone will tell you when to start and stop speaking.

FUENTE 2

WB CD 4, Track 32

<student response>

Federico: Hola, ¿cómo estás? Soy Federico.

<student response>

Federico: No sé qué te pareció la obra de ayer. Pero creo que es la más hermosa escenografía y el mejor guión que he visto desde hace mucho tiempo. ¿Qué te pareció a ti?

<student response>

Federico: Pues hoy voy a ir a una actividad de acción social que organiza el grupo de teatro. Me dijeron que el dinero recaudado con la venta de los boletos será donado a organizaciones de beneficencia. Sé que tú prefieres ir a la fiesta de nuestro amigo Mario porque te recomendé que fueras, pero pudieras venir primero a la actividad. ¿Puedes?

<student response>

Federico: Tú sabes que yo quiero ser dramaturgo y creo que asistir a esa actividad me puede ayudar a conocer más ese mundo. Sé que quieres ser escritor, por eso te recomiendo que vengas para que veas cómo los artistas podemos contribuir a mejorar la vida de las personas.

<student response>

Federico: Oye, te llamo más tarde, que llegó el director de la obra. Nos vemos en la actividad. Chao.

<student response>

INTEGRACIÓN ESCRIBIR

Level 3 Workbook p. 377

WB CD 4, Track 33

Escucha a otro crítico hablando por la radio sobre la misma obra. Toma notas.

FUENTE 2

WB CD 4, Track 34

Hoy quiero hablarles de una obra de teatro. Un amigo me recomendó que fuera a ver "La historia que se nos olvidó" y fui. Creo que al dramaturgo se le acabaron las ideas, buscó partes de otras obras e hizo una nueva. El guión no es nada original. En el intermedio, busqué a alguna persona a la que le gustara la obra y no encontré a ninguna. Todos me decían que el guión no era original, el vestuario no era bueno y los actores no habían ensayado.

ESCUCHAR A, ACTIVIDAD 1

Level 3 Workbook p. 378

WB CD 4, Track 35

Escucha a Virginia. Luego, lee cada oración y contesta **cierto** o **falso**.

Me llamo Virginia y soy actriz. Esta tarde tengo que ir al ensayo final de la obra que presentaremos el próximo sábado. Espero poder decir bien todo el guión, no como en el ensayo pasado, cuando se me quedó el guión encima de la mesa de mi casa y no pude ensayar bien. Es que estoy bastante nerviosa por el estreno de la obra.

ESCUCHAR A, ACTIVIDAD 2

Level 3 Workbook p. 378

WB CD 4, Track 36

Escucha a Claudio. Luego, completa las oraciones con las palabras.

Me llamo Claudio. Estoy dirigiendo una obra de teatro que presentaremos la próxima semana. Estamos haciendo los últimos ensayos. Todavía tengo que decirles a todos que lleguen temprano, que no falten a los ensayos y que no dejen nada en casa. La escenografía está terminada pero al vestuario todavía le falta un poco de trabajo.

ESCUCHAR B, ACTIVIDAD 1

Level 3 Workbook p. 379

WB CD 4, Track 37

Escucha a Florencia. Luego, une con flechas las personas con el tipo de obras que prefieren.

Me llamo Florencia. Me encanta ir al teatro. Si un amigo me recomienda que vaya a alguna obra, yo voy sin pensarlo a menos que sea una obra con música. Mi amigo Mateo prefiere las obras de teatro con música. Rosana va a ver las obras que te hacen reflexionar. Miguel prefiere las que te hacen reír. ¡Ah!, a Noemí le gustan las obras tristes de amor.

ESCUCHAR B, ACTIVIDAD 2

Level 3 Workbook p. 379

WB CD 4, Track 38

Escucha a Carlos. Luego, completa las oraciones.

Me llamo Carlos. A mis amigos y a mí nos gusta ir a ver obras de teatro. Generalmente mis amigos me acompañan a ver mis obras favoritas, pero mi amiga Carmela no me acompaña. Es que a ella no le gustan las obras con música. Yo creo que un guión puede ser bueno aunque sea cantado y no hablado.

ESCUCHAR C, ACTIVIDAD 1

Level 3 Workbook p. 380

WB CD 4, Track 39

Escucha a Bruno y toma apuntes. Luego, completa la tabla con los amigos de Bruno que fueron al teatro, qué les gustó y por qué.

Hola, me llamo Bruno. Ayer, mis amigos y yo fuimos a ver una obra de teatro muy buena. Me alegro que a todos les gustara la obra. A Valentín le gustó la escenografía porque era muy moderna. A Leonor le encantó el vestuario porque ella hace ropa y siempre mira la ropa de los demás. A Victoria le gustó el guión porque le pareció original e inteligente. A mí me gustó cómo estaba dirigida la obra. Fue muy ordenada.

ESCUCHAR C, ACTIVIDAD 2

Level 3 Workbook p. 380

WB CD 4, Track 40

Escucha a Leonor y toma apuntes. Luego, contesta las preguntas con oraciones.

Me llamo Leonor. Ayer, fui con mis amigos a ver una obra de teatro. El vestuario era fantástico. Los colores mostraban cómo se sentían los personajes. Si estaban tristes, la ropa era azul. Si estaban felices, el vestuario de todos era rojo o anaranjado. A mí me gusta hacer ropa y, después de ver la obra, tuve algunas ideas para hacer otro tipo de ropa.

LESSON 2 TEST: ESCUCHAR ACTIVIDAD A

Modified Assessment Book p. 290

On-level Assessment Book p. 376

Pre-AP Assessment Book p. 290

TEST CD 4, Track 25

Escucha el siguiente audio. Luego completa la actividad A.

Cuando estaba en el grado 8, participé en una obra de teatro. Se llamaba *El rey malo* y era de un autor paraguayo. La obra se trataba de un rey que deseaba todo lo que los demás tenían. Si veía que alguien tenía un caballo muy hermoso, él lo quería. Sí alguien tenía un anillo muy valioso, mandaba robarlo. Un día llegó al reino un joven muy valiente que tuvo la valentía de enfrentar al rey. Yo hacía el personaje de la reina, que era una persona buena y persistente. Siempre quería convencer al rey para que dejara de ser codicioso. Otro personaje era el sirviente del rey. Este sirviente hacía todo lo que el rey le decía, pero en realidad no quería al rey, lo odiaba mucho, pero claro que no lo decía. En fin, la obra terminó conmigo, es decir, la reina, casándose con el muchacho valiente.

ESCUCHAR ACTIVIDAD B

Modified Assessment Book p. 290

On-level Assessment Book p. 376

Pre-AP Assessment Book p. 290

TEST CD 4, Track 26

Escucha el siguiente audio. Luego completa la actividad B.

Estas son las reglas para el público del Teatro Luna. Por favor, cuando comience la obra, apague su teléfono celular, desconecte la alarma de su reloj o cualquier otro dispositivo electrónico. Por favor, manténgase lo más en silencio que sea posible, ya que cualquier ruido puede distraer a los actores.

El uso de cámaras no está permitido en el Teatro Luna. Les sugerimos que llegue 20 ó 30 minutos antes de que empiece la obra. Los acomodadores no permitirán el acceso a los asientos después de que las luces se hayan apagado. Si llega tarde, tendrá que esperar al intermedio para buscar su asiento. Por respeto a los actores y al público, deberá permanecer en su asiento hasta que las luces se enciendan.

HABLAR

Pre-AP Assessment Book p. 295

TEST CD 4, Track 27

Escucha la siguiente narración sobre el viaje de Magallanes en el que descubrió el estrecho que lleva su nombre en el extremo sur de América del Sur, y que conecta a los océanos Atlántico y Pacífico.

FUENTE 2

TEST CD 4, Track 28

Las cinco carabelas al mando de Magallanes se dirigieron inicialmente a Brasil, que en aquella época pertenecía a Portugal. Tardaron dos meses

Audio Scripts

en llegar hasta allí. Luego, siguieron viaje hacia el sur hasta llegar a la Patagonia, donde decidió esperar la primavera. Allí descubrió el famoso Bosque Petrificado y dio nombre a una especie de pingüinos.

Durante la primavera, salieron nuevamente hacia el sur, hasta que por fin, el 21 de octubre de 1520, Magallanes descubrió un estrecho. Tardó 38 días para navegar los 540 kilómetros de este estrecho que lleva hoy su nombre El Estrecho de Magallanes.

Al otro lado del estrecho les esperaba un nuevo océano. Durante los siguientes cuatro meses recorrieron 10.000 kilómetros por el nuevo mar, un mar tan calmada que lo bautizaron Pacífico. En marzo de 1521, llegaron por fin a la tierra volcánica que el propio Magallanes había descubierto en un viaje anterior y que había bautizado Filipinas.

ESCRIBIR

Pre-AP Assessment Book p. 296

TEST CD 4, Track 29

Escucha el mensaje telefónico que dejó tu tía Elena en la contestadora de tu casa.

FUENTE 2

TEST CD 4, Track 30

Tía Elena: Hola, te habla tu tía Elena.

Quiero disculparme por no haber llegado anoche al teatro; tuve muchos problemas en el trabajo y me retrasé mucho.

Tenía muchas ganas de ver la obra "Muñeca", ya que es raro que la pongan en escena. Y ya sabes que me encantan tus cartas, así que escríbemei una en que me lo cuentas todo. Dame detalles de la noche y de la obra. ¿Qué te pareció la obra? ¿De qué se trata? ¿Quiénes eran los actores? En fin, me gustaría sentir como si hubiera estado ahí. Bueno, espero tu carta. Hasta Luego.

UNIT 8 TEST: ESCUCHAR
ACTIVIDAD A

Modified Assessment Book p. 302

On-level Assessment Book p. 388

Pre-AP Assessment Book p. 302

TEST CD 4, Track 31

Escucha el siguiente audio. Luego completa la actividad A.

Reglas para escribir un cuento interesante:

- Debe ser corto
- Debe tratar sobre un solo tema
- El tema debe ser profundo
- El tiempo de la acción debe ser corto
- La acción no debe detenerse
- Debe tener un principio, un clímax y un desenlace
- Se deben usar sólo las palabras necesarias

ACTIVIDAD B

Modified Assessment Book p. 302

On-level Assessment Book p. 388

Pre-AP Assessment Book p. 302

TEST CD 4, Track 32

Escucha el siguiente audio. Luego completa la actividad B.

Daniel: Hola, Memo, soy Daniel. Te he llamado varias veces y no te encuentro. Ayer, cuando me llamaste, estaba discutiendo con mi papá y no pude contestarte. Mi papá no me dio permiso para ir al teatro. La verdad es que no lo entiendo. Mira, yo estaba leyendo cuando él me pidió que

arreglara mi habitación. Pero yo no lo escuché, estaba leyendo mi libro. Luego regresó y me dijo: "a menos que limpies tu habitación y laves los platos sucios, no puedes salir". ¡Y ya eran las seis, casi la hora en que empezaba la obra! Bueno, pues ya sabes ahora por qué no fui a ver la obra. Por cierto, ¿cómo estuvo? ¿Lo pasaron bien? Tenía muchas ganas de ir. Bueno, llámame cuando puedas.

HABLAR

Pre-AP Assessment Book p. 307

TEST CD 4, Track 33

Escucha la conversación entre dos jóvenes, Brenda y Roberto. Toma apuntes.

FUENTE 2

TEST CD 4, Track 34

Roberto: ¿Sabías que esta semana se celebra la semana de teatro en la ciudad?

Brenda: ¡Ay, sí! Tengo muchas ganas de ir, pero no he tenido tiempo de ver la cartelera.

Roberto: Yo tampoco, no sé todavía qué obras se van a presentar. Deberíamos conseguir un periódico para enterarnos.

Brenda: Luego podemos escoger alguna que nos guste a los dos, y vamos juntos, ¿qué te parece?

Roberto: ¡Buena idea!

ESCRIBIR

Pre-AP Assessment Book p. 308

TEST CD 4, Track 35

Escucha la información sobre la compañía que presentó la obra. Toma notas mientras escuchas.

FUENTE 2

TEST CD 4, Track 36

Teatro de títeres El Globo

La compañía de teatro de títeres El Globo fue fundada en febrero de 1999, Santiago de Chile por actores y titiriteros profesionales graduados de 'La Mancha' Academia de Arte y Teatro.

Esta compañía combina más de cuatro años de investigación y práctica del teatro de títeres con el manejo de técnicas y estilos populares (Clown, Bufón, Comedia del Arte, Máscaras, Melodrama, Mimo, Tragedia, entre otros.)

La compañía tiene como objetivo mejorar la calidad dramática del teatro de títeres, y al mismo tiempo difundir y dignificar a los títeres como una forma del teatro. Con ese fin realiza espectáculos y números teatrales en los que refleja historias de carácter universal basadas en la realidad latinoamericana.

El Globo se presenta en escuelas, bibliotecas, paseos peatonales y centros culturales de zonas urbanas y rurales, así como en festivales internacionales.

FINAL EXAM: ESCUCHAR
ACTIVIDAD A

Modified Assessment Book p. 314

On-level Assessment Book p. 400

Pre-AP Assessment Book p. 314

TEST CD 4, Track 37

Escucha el siguiente audio. Luego completa la actividad A.

¡Hola! Me llamo Carla Salazar. Vivo en Miami, Florida, y tengo 16 años. Quiero contarles mi viaje a Montevideo el verano pasado. Bueno, era verano en Miami, pero en Montevideo era invierno. Allí viven mis abuelos, los papás de mi mamá, a quienes yo no había visto desde

que tenía 12 años. Mis abuelos, Sarita y Manuel, tienen una casa muy bonita, con jardín y una fuente. También tienen dos perros: Chacha y Tribilín. Fue muy divertido ver a mis primos; en total tengo ¡14 primos y primas! Pasamos un buen rato. Salíamos a pasear por la orilla del Río de la Plata y después íbamos a comer comidas típicas como empanadas, asado o parrillada. Por las noches, nos reuníamos en casa de los abuelos para charlar y comer el delicioso postre que hace mi abuelita. Fue una experiencia inolvidable.

ACTIVIDAD B

Modified Assessment Book p. 314

On-level Assessment Book p. 400

Pre-AP Assessment Book p. 314

TEST CD 4, Track 38

Escucha el siguiente audio. Luego completa la actividad B.

Ángeles Mastretta es una escritora mexicana. Ella busca analizar y conocer mejor a las mujeres usando el género de la novela. También le gusta pensar en las cosas que los hombres pueden hacer en México, pero que las mujeres no pueden hacer en su país. Su novela más famosa se llama *Arráncame la vida*. Es la historia de una mujer enamorada que tiene que aprender a ser fuerte. Otra de sus novelas se llama *Mujeres de ojos grandes*. En esta describe las esperanzas y los deseos de un grupo de chicas en un pequeño pueblo. Mastretta es una autora muy original, que ha ganado muchos premios literarios. Entre ellos, cuenta con el prestigioso premio Rómulo Gallegos por su novela *Mal de amores*. También ha escrito artículos en varias revistas de México y España.

HABLAR

Pre-AP Assessment Book p. 322

TEST CD 4, Track 39

You are going to participate in a simulated telephone conversation with a friend interviewer who is coaching you for real-life interview experiences. First, read the outline of the whole conversation below. Next, listen to the audio. You will hear only what the interviewer says to you. Then, listen to the audio again and fill in the pauses with the appropriate responses, according to your cues. A tone will tell you when to start and stop speaking.

FUENTE 2

TEST CD 4, Track 40

<student response>

Entrevistadora: Hola, como me dijiste, aquí estoy. Vamos a practicar para la entrevista que vas a tener la semana que viene. ¿Está bien?

<student response>

Entrevistadora: Bueno, primero quiero que me cuentes de ti. ¿Cómo eres?

<student response>

Entrevistadora: Oye, ¿y cómo es tu rutina diaria durante el semestre escolar?

<student response>

Entrevistadora: Gracias. Mira, háblame de tus actividades durante este año pasado.

<student response>

Entrevistadora: Y el verano pasado, ¿fuiste a algún lugar? ¿Qué hiciste o haces en tu tiempo libre?

<student response>

Entrevistadora: Estupendo. Ahora, cuéntame sobre algunos de tus logros en la vida. Recuerda que puedes hablar de cualquier aspecto de tu vida y no solamente aspectos escolares, ¿bien? Adelante.

Audio Scripts

Entrevistadora: Impresionante. Por último, dime algunas cosas acerca de tus planes para el futuro. Por ejemplo, ¿Qué quieres hacer? ¿Qué cosas te interesa explorar? ¿Qué tipo de estudios quieres hacer? ¿Para qué?

<student response>

Entrevistadora: Oye, ¡qué bien lo has hecho! Bueno, hablaremos luego.

<student response>

ESCRIBIR
Pre-AP Assessment Book p. 323
TEST CD 4, Track 41

Escucha las indicaciones que te ofrece tu maestra de español para escribir una composición sobre ti durante un examen final. Toma apuntes.

FUENTE 2
TEST CD 4, Track 42

Antes de comenzar la sección de Escribir del examen, deseo recordarles algunas reglas básicas para escribir una composición.

Piensen en el tema. Dediquen unos minutos para decidir qué ideas quieren incluir. Por ejemplo: ¿qué cosas quieren expresar sobre este tema? Por ejemplo, si el tema es tu vida: ¿de qué aspectos y experiencias podrías hablar?

Segundo, es importante que le dediquen unos minutos a seleccionar las ideas que quieran incluir en su composición.

Luego, es importante dedicarle unos minutos a organizar estas ideas, por ejemplo, como les sugiero, a continuación:

- En la primera oración introduzcan el tema sobre el que van a escribir. Luego, en el mismo párrafo o en el segundo comiencen a tratar un primer sub-tema. Por ejemplo, una posibilidad de sub-tema para el primer párrafo de una composición sobre su vida puede ser lo que hacían ustedes o algunas de las cosas que les gustaba hacer a ustedes cuando eran niños.

- El próximo párrafo podría ser sobre el presente: su vida escolar y su vida fuera de la escuela.

- Y el último párrafo podrían dedicarlo a comentar posibilidades para el futuro en su vida.

- Por último, recuerden que deben concluir con alguna oración que le ponga fin a todo lo que han escrito acerca del tema. Tomen en consideración los sub-temas en que dividieron la discusión del tema para escribir esta oración de conclusión.

Bueno, ¡mucha suerte! Esto les va a ayudar a organizar sus trabajos escritos ahora y en el porvenir. ¡Mucho éxito en su vida!

HERITAGE LEARNER SCRIPTS
HL CDs 2 & 6

CONVERSACIÓN SIMULADA
Level 3 HL Workbook p. 378
HL CD 2, Track 29

Vas a participar en una conversación telefónica simulada con tu amiga Gabriela. Primero, lee el bosquejo de la conversación que aparece en la página. Luego, escucha el audio. Tú sólo oirás lo que te dice Gabriela. Entonces escucha el audio de nuevo. Esta vez participarás en la conversación. Responde de forma oral a lo que te dice Gabriela. Una señal te indicará cuando te toque a ti hablar.

FUENTE 2
HL CD 2 Track 30

<student response>

Gabriela: ¡Qué suerte encontrarte! Soy Gabriela. Tenía que contarte que hoy ha sido un día increíble.

<student response>

Gabriela: Ha sido un día insólito. Por la mañana, en el supermercado, se me abrió el paquete de huevos mientras lo ponía en la canasta y olvídate… una laguna de claras y yemas se esparció por el piso. ¿Cómo ves?

<student response>

Gabriela: Claro que me fui rápidamente de ahí. ¡Qué vergüenza! Nunca volveré a ese supermercado. Y luego en la escuela, cuando estaba a punto de empezar mi presentación sobre la vida de Jorge Luis Borges se me descompuso el proyector. ¿Puedes creerlo?

<student response>

Gabriela: No, cómo se te ocurre, no podía cancelar. Tuve que hacer la presentación sin las imágenes que iba a poner en la pantalla. ¿Qué habrías hecho tú?

<student response>

Gabriela: ¡Ay, no! Se me acaba de voltear el vaso de leche sobre el guión que estudiaba… Adiós. Te llamo después, tengo que limpiar la mesa. Ciao.

<student response>

INTEGRACIÓN ESCRIBIR
Level 3 HL Workbook p. 379
HL CD 2, Track 31

Escucha el mensaje que Cristóbal Quiñones, un joven uruguayo, dejó en el contestador de su padre. Toma notas. Luego completa la actividad.

FUENTE 2
HL CD 2, Track 32

Papá, estoy varado en plena Vía de los Insurgentes. Se me descompuso el coche. Bueno, la verdad, se me acabó la gasolina y la verdad, no traigo ni un centavo en la cartera. Ya sé que me dijiste que si esto me volvía a ocurrir no me ibas a venir a sacar del apuro. Pero, papá, ya llamé a todos mis amigos y nadie contesta el teléfono. Llámame, por favor. La gente me mira enojada porque estoy causando un problema de tránsito. Te dejo porque creo que se me va a acabar la pila del teléfo…

LESSON 2 TEST: ESCUCHAR
ACTIVIDAD A
HL Assessment Book p. 296
HL CD 6, Track 25

Escucha el siguiente audio. Luego completa la actividad A.

Berta: Margarita, estoy muy emocionada porque la maestra me eligió para actuar en la obra *Romeo y Julieta*. Ojalá me toque el papel de Julieta.

Margarita: ¿En serio? Pero el argumento es un poco trágico, ¿no te parece?

Berta: Es cierto, la historia de Romeo y Julieta es muy triste, pero también es cautivadora, porque a todos nos interesa el tema del amor.

Margarita: ¿Y cuándo comenzarán los ensayos?

Berta: Creo que el lunes. Ya me veo en el escenario, vestida y maquillada como Julieta, mientras el público aplaude. Será una experiencia fascinante.

Margarita: ¿Y cómo harás con el vestuario?

Berta: Le pediré a mi mamá que me haga un vestido. Creo que me ayudará con mucho gusto.

Margarita: Tal vez lo mejor sea alquilar el vestido porque no creo que sea fácil crearlo de un día para otro. Además, es muy posible que la escuela ya tenga algunos vestidos de ese estilo. ¿Le preguntaste a la maestra?

Berta: No, pero mañana mismo le preguntaré. ¡Qué emoción Margarita! Mi sueño realizado: me convertiré en actriz.

ESCUCHAR ACTIVIDAD B
HL Assessment Book p. 296
HL CD 6, Track 26

Escucha el siguiente audio. Luego completa la actividad B.

A mí me gusta mucho escribir. Practico escribiendo mi diario, pero cuando sea grande, quiere ser un escritor profesional. Soy feliz inventando historias, personajes, situaciones chistosas o serias. A papá le gustan las cosas que imagino y me anima a que las escriba. Ayer, por ejemplo, escribí un cuento sobre un niño que sueña y sueña, hasta que descubre que su sueño es la realidad. Mi papá lo leyó y comenzó a revisarlo, me corrigió algunas palabras mal escritas, pero me dijo que el cuento era muy original. Me sentí tan orgulloso. En su juventud papá escribía artículos para el periódico de su escuela y conoce todo el proceso de la escritura, desde que nacen las ideas hasta su redacción clara y ordenada. Yo lo admiro tanto por eso.

El mejor consejo que he recibido fue el de mi maestro de español. Me dijo: "Si quieres ser escritor, primero tienes que ser un buen lector". Y desde entonces no he parado de leer. La literatura me fascina y en los libros que leo encuentro inspiración para mis propias historias.

HABLAR
HL Assessment Book p. 301
HL CD 6, Track 27

Escucha la siguiente narración sobre el viaje de Magallanes en el que descubrió el estrecho que lleva su nombre en el extremo sur de América del Sur, y que conecta a los océanos Atlántico y Pacífico.

FUENTE 2
HL CD 6, Track 28

Las cinco carabelas al mando de Magallanes se dirigieron inicialmente a Brasil, que en aquella época pertenecía a Portugal. Tardaron dos meses en llegar hasta allí. Luego, siguieron viaje hacia el sur hasta llegar a la Patagonia, donde decidió esperar la primavera. Allí descubrió el famoso Bosque Petrificado y dio nombre a una especie de pingüinos.

Durante la primavera, salieron nuevamente hacia el sur, hasta que por fin, el 21 de octubre de 1520, Magallanes descubrió un estrecho. Tardó 38 días para navegar los 540 kilómetros de este estrecho que lleva hoy su nombre El Estrecho de Magallanes.

Al otro lado del estrecho les esperaba un nuevo océano. Durante los siguientes cuatro meses recorrieron 10.000 kilómetros por el nuevo mar, un mar tan calmado que lo bautizaron Pacífico. En marzo de 1521, llegaron por fin a la tierra volcánica que el proprio Magallanes había descubierto en un viaje anterior y que había bautizado Filipinas.

ESCRIBIR
HL Assessment Book p. 302
HL CD 6, Track 29

Escucha el mensaje telefónico que dejó tu tía Elena en la contestadora de tu casa.

Audio Scripts

HL CD 6, Track 30

Tía Elena: Hola, te habla tu tía Elena.

Quiero disculparme por no haber llegado anoche al teatro; tuve muchos problemas en el trabajo y me retrasé mucho.

Tenía muchas ganas de ver la obra "Muñeca", ya que es raro que la pongan en escena. Y ya sabes que me encantan tus cartas, así que escríbeme una en que me lo cuentas todo. Dame detalles de la noche y de la obra. ¿Qué te pareció la obra? ¿De qué se trata? ¿Quiénes eran los actores? En fin, me gustaría sentir como si hubiera estado ahí. Bueno, espero tu carta. Hasta Luego.

UNIT 8 TEST: ESCUCHAR
ACTIVIDAD A

HL Assessment Book p. 308

HL CD 6, Track 31

Escucha el siguiente audio. Luego, completa la actividad A.

Darío: Oye Pablo, ¿qué cosa es un símil? El maestro me pidió que escribiera un poema usando símiles.

Pablo: Mira, el símil es una comparación entre dos cosas, como cuando dices "la luna es blanca como la nieve". ¿Te das cuenta?

Darío: ¿Así de fácil? Entonces puedo escribir cientos de símiles. Mira uno:"El sol brilla como el oro". ¿Qué te parece?

Pablo: Me parece muy bien. Pero cuando los poetas usan el símil, tratan de que sea original. Por ejemplo, el gran poeta Juan Ramón Jiménez, describe los ojos del burrito Platero usando un símil muy lindo y muy complejo: "Sus ojos son duros como dos escarabajos de cristal negro". ¿Viste? Eso se le ocurre solamente a un poeta.

Darío: Es verdad. Es un símil muy lindo. Yo quisiera escribir un símil parecido.

Pablo: Después de leer mucho podrás escribir cosas muy lindas y muy poéticas, porque la poesía es algo que también requiere conocimiento y práctica, como todas las cosas.

Darío: Mi poema debe tener dos estrofas de cuatro versos. El maestro me sugirió también que le prestara atención al ritmo y a la rima. ¿Cómo puedo hacerlo?

Pablo: Escribe tu poema espontáneamente, deja ver tu propio estilo. Tal vez te ayude un poco escribir versos como los de los poetas antiguos. Te prestaré un libro de poemas para que estudies buenos modelos.

Darío: Gracias Pablo. No quiero escribir cualquier poema. Quiero escribir uno bueno. Lo que me dijiste me ayudará mucho.

ACTIVIDAD B

HL Assessment Book p. 308

HL CD 6, Track 32

Escucha el siguiente audio. Luego, completa la actividad B.

Esta semana el maestro nos habló de los géneros literarios. Aprendí lo que es un cuento, una novela, un ensayo y un poema. También aprendí lo que significa escribir en verso o en prosa. Pero lo que más atrajo mi atención fue lo que el maestro nos dijo sobre la rima. Cuando dos versos terminan con sonidos parecidos, entonces estos dos versos son versos que riman, como por ejemplo, los dos versos siguientes. El primero:

> *duérmete sonriendo,*
>
> *quien te va meciendo*

Los dos versos terminan con sonidos parecidos: "sonriendo" y "meciendo". Es decir que los dos versos riman. El maestro dijo que el origen de la poesía es oral, así que los poetas antiguos

usaban la rima para recordar mejor sus poemas cuando creaban o recitaban poemas de materias conocidos por todos. Quién sabe. A mí la rima me parece un recurso literario tan lindo, que siempre lo uso cuando escribo mis poemas.

HABLAR

HL Assessment Book p. 313

HL CD 6, Track 33

Escucha la conversación entre dos jóvenes, Brenda y Roberto. Toma apuntes.

FUENTE 2

HL CD 6, Track 34

Roberto: ¿Sabías que esta semana se celebra la semana de teatro en la ciudad?

Brenda: ¡Ay, sí! Tengo muchas ganas de ir, pero no he tenido tiempo de ver la cartelera.

Roberto: Yo tampoco, no sé todavía qué obras se van a presentar. Deberíamos conseguir un periódico para enterarnos.

Brenda: Luego podemos escoger alguna que nos guste a los dos, y vamos juntos, ¿qué te parece?

Roberto: ¡Buena idea!

ESCRIBIR

HL Assessment Book p. 314

HL CD 6, Track 35

Escucha la información sobre la compañía que presento la obra. Toma notas mientras escuchas.

FUENTE 2

HL CD 6, Track 36

Teatro títeres El Globo

La compañía de teatro títeres El Globo fue fundada en febrero de 1999, Santiago de Chile por actores y titiriteros profesionales graduados de 'La Mancha' Academia de Arte y Teatro.

Esta compañía combina más de cuatro años de investigación y práctica del teatro de títeres con el manejo de técnicas y estilos populares (Clown, Bufón, Comedia del Arte, Máscaras, Melodrama, Mimo, Tragedia, entre otros.)

La compañía tiene como objetivo mejorar la calidad dramática del teatro de títeres, y al mismo tiempo difundir y dignificar a los títeres como una forma del teatro. Con ese fin realiza espectáculos y números teatrales en los que refleja historias de carácter universal basadas en la realidad latinoamericana.

El Globo se presenta en escuelas, bibliotecas, paseos peatonales y centros culturales de zonas urbanas y rurales, así como en festivales internacionales.

FINAL EXAM: ESCUCHAR
ACTIVIDAD A

HL Assessment Book p. 320

HL CD 6, Track 37

Escucha el reporte que presentó Sandra, la presidenta del comité estudiantil, a su clase. Luego, contesta las siguientes preguntas con oraciones completas.

Ayer, 5 de diciembre, nuestra escuela celebró el Día Internacional del Voluntario. Los estudiantes presentaron varias ideas para iniciar proyectos de acción social en nuestra comunidad y los maestros eligieron el mejor proyecto. Estos son los resultados:

La clase de la señorita Mendoza presentó un proyecto para ayudar al hogar de ancianos que está muy cerca de la escuela. Esta clase diseñó un plan para recaudar fondos que incluye una lista de

posibles patrocinadores. También presentaron los volantes que quieren distribuir.

La clase del señor Jiménez investigó las necesidades de los inmigrantes hispanohablantes de la comunidad. Decidieron que hay que publicar un periódico en español para que la gente tenga acceso a la información en su idioma. Presentaron una lista de editores y traductores que ofrecen sus servicios de voluntarios para crear el periódico. También se comunicaron con la prensa en inglés para pedirles su patrocinio.

Finalmente, la clase de la señorita García, que se llevó el premio, propuso una campaña de reciclaje. Los estudiantes grabaron un anuncio muy creativo para emitirlo en la radio. Se trataba de cómo la comunidad puede reciclar la basura si usan unas bolsas de plástico especiales.

Queremos felicitar a todos los estudiantes que participaron en este evento tan especial. ¡Vivan los jóvenes voluntarios!

ACTIVIDAD B

HL Assessment Book p. 320

HL CD 6, Track 38

Escucha la conversación entre Fernando y Ana y completa las oraciones según el diálogo.

Fernando: Ana, ¿te acuerdas de la obra de teatro que montamos el año pasado?

Ana: Claro que me acuerdo, ¡fue un desastre!

Fernando: Es cierto. Creo que el problema principal fue que no ensayamos suficiente.

Ana: Yo también creo lo mismo. No hay otra explicación.

Fernando: No la hay. El guión era de un dramaturgo muy conocido y los diálogos eran muy originales, desde mi punto de vista.

Ana: Estoy de acuerdo. Además, el director tenía muchísima experiencia y dedicó mucha atención a la dirección de escenografía.

Fernando: Lo que es cierto es que estábamos esperando aplausos y en vez de eso, recibimos burlas y risas.

Ana: Desde que se levantó el telón, todos los actores nos pusimos nerviosos y empezamos a olvidar nuestras líneas.

Fernando: ¿Sería porque había mucho público?

Ana: En parte, pero también porque era la primera vez que nos poníamos esos vestuarios ridículos que yo diseñé a último momento.

Fernando: ¿Fuiste tú quien diseñó los vestuarios?

Ana: Sí, pero no se lo digas a nadie. Fue cosa de último minuto. Lo hice para que no nos presentáramos en el escenario sin nada. Es que la diseñadora se enfermó y no teníamos manera de conseguir nuevos vestuarios.

Fernando: ¡Con razón! Pero ya no importa, la próxima vez, ya tendremos más experiencia.

Ana: ¿Qué próxima vez? Yo no pienso dedicarme a la actuación después de esa experiencia. Prefiero leer las obras de teatro o hasta escribir un guión.

Fernando: Todo menos diseñar vestuarios, Ana.

HABLAR

HL Assessment Book p. 328

HL CD 6, Track 39

Vas a participar en una conversación telefónica simulada con una amiga que desear prepararte para una entrevista. Primero, lee el bosquejo de la conversación que aparece en la página. Luego, escucha el audio Tú sólo oirás lo que te dice la amiga que te entrevista. Luego escucha el audio de nuevo. Esta vez participarás en la conversación. Responde de forma oral a lo que te dice tu amiga. Una señal te indicará cuando te toque hablar a ti.

Audio Scripts

FUENTE 2

HL CD 6, Track 40

<student response>

Entrevistadora: Hola, como me dijiste, aquí estoy. Vamos a practicar para la entrevista que vas a tener la semana que viene. ¿Está bien?

<student response>

Entrevistadora: Bueno, primero quiero que me cuentes de ti. ¿Cómo eres?

<student response>

Entrevistadora: Oye, ¿y cómo es tu rutina diaria durante el semestre escolar?

<student response>

Entrevistadora: Gracias. Mira, háblame de tus actividades durante este año pasado.

<student response>

Entrevistadora: Y el verano pasado, ¿fuiste a algún lugar? ¿Qué hiciste o haces en tu tiempo libre?

<student response>

Entrevistadora: Estupendo. Ahora, cuéntame sobre algunos de tus logros en la vida. Recuerda que puedes hablar de cualquier aspecto de tu vida y no solamente aspectos escolares, ¿bien? Adelante.

<student response>

Entrevistadora: Impresionante. Por último, dime algunas cosas acerca de tus planes para el futuro. Por ejemplo, ¿Qué quieres hacer? ¿Qué cosas te interesa explorar? ¿Qué tipo de estudios quieres hacer? ¿Para qué?

<student response>

Entrevistadora: Oye, ¡qué bien lo has hecho! Bueno, hablaremos luego.

<student response>

ESCRIBIR

HL Assessment Book p. 329

HL CD 6, Track 41

Escucha las indicaciones que te ofrece tu maestra de español para escribir una composición sobre ti durante un examen final. Toma apuntes.

FUENTE 2

HL CD 6, Track 42

Antes de comenzar la sección de Escribir del examen, deseo recordarles algunas reglas básicas para escribir una composición.

Piensen en el tema. Dediquen unos minutos para decidir qué ideas quieren incluir. Por ejemplo: ¿qué cosas quieren expresar sobre este tema? Por ejemplo, si el tema es tu vida: ¿de qué aspectos y experiencias podrías hablar?

Segundo, es importante que le dediquen unos minutos a seleccionar las ideas que quieran incluir en su composición.

Luego, es importante dedicarle unos minutos a organizar estas ideas, por ejemplo, como les sugiero, a continuación:

- En la primera oración introduzcan el tema sobre el que van a escribir. Luego, en el mismo párrafo o en el segundo comiencen a tratar un primer sub-tema. Por ejemplo, una posibilidad de sub-tema para el primer párrafo de una composición sobre su vida puede ser lo que hacían ustedes o algunas de las cosas que les gustaba hacer a ustedes cuando eran niños.

- El próximo párrafo podría ser sobre el presente: su vida escolar y su vida fuera de la escuela.

- Y el último párrafo podrían dedicarlo a comentar posibilidades para el futuro en su vida.

- Por último, recuerden que deben concluir con alguna oración que le ponga fin a todo lo que han escrito acerca del tema. Tomen en consideración los sub-temas en que dividieron la discusión del tema para escribir esta oración de conclusión.

Bueno, ¡mucha suerte! Esto les va a ayudar a organizar sus trabajos escritos ahora y en el porvenir. ¡Mucho éxito en su vida!

Map/Culture Activities *Cono Sur*

OCÉANO PACIFICO

PARAGUAY

ARGENTINA

CHILE

URUGUAY

OCÉANO ATLÁNTICO

1 Localiza las capitales de los países del Cono Sur y escribe sus nombres en el mapa.

2 Contesta las siguientes preguntas sobre los países del Cono Sur.

1. ¿Qué país tiene la costa mas larga del Cono Sur?

_____

2. ¿Cuál es uno de los países más pequeños de Latinoamérica?

_____

3. ¿Qué país es el más grande del Cono Sur y el segundo país más grande de Latinoamérica?

_____

4. ¿Qué país tiene la capital ubicada en la frontera *(border)* con Argentina?

_____

Map/Culture Activities *Cono Sur*

3 ¿Son ciertas o falsas estas oraciones? Usa la información de tu libro para decidir. Elige C para cierta o F para falsa. Si la oración es falsa, subraya la palabra o frase incorrecta y escribe la correcta en la línea de abajo.

1. Berta Rojas es conocida por su talento con el piano.　　　　　C　　F

_____

2. El nombre de la moneda de Paraguay también es el nombre de　　C　　F
un plato indígena.

_____

3. Mario Benedetti e Isabel Allende son famosos por lo que　　　C　　F
escribieron.

_____

4 En la página 449 de tu libro hay una foto de una deportista divirtiéndose en una pista de esquí en la cordillera (*mountain range*) que separa Chile y Argentina. ¿Qué separa el estado donde vives de los estados vecinos? ¿Son fronteras (*borders*) naturales o artificiales?

_____

_____

_____

5 En la página 449 de tu libro hay una foto de la Plaza de Mayo de Buenos Aires, donde están algunos edificios importantes de la capital. ¿Cuáles son los edificios más importantes de tu ciudad? ¿Dónde están?

_____

_____

_____

UNIDAD 8

Map/Culture Activities

66

Unidad 8
Map/Culture Activities

¡Avancemos! 3
Unit Resource Book

Map/Culture Activities Answer Key

CONO SUR

PARAGUAY

OCÉANO PACIFICO

Asunción ⊛

ARGENTINA

Santiago ⊛   Buenos Aires ⊛   URUGUAY

CHILE   Montevideo

OCÉANO ATLÁNTICO

❶ Refer to map above to find Buenos Aires, Santiago, Asunción y Montevideo.

❷ 1-Chile 2-Uruguay 3-Argentina 4-Paraguay

❸ 1-F: por su talento con la guitarra

2-F: es el nombre de un idioma indígena.

3-C

❹ Answers will vary.

❺ Answers will vary.

Fine Art Activities

The Onyx of Electra, Roberto Matta

Chilean artist Roberto Matta is known for his surrealist paintings of magical and imaginary landscapes. His ability to merge interior and exterior worlds has been admired by art critics and fellow members of the surrealist movement. Matta believes that the creative process allows artists to celebrate life through their depiction of dreams and alternate realities.

Complete the following activities based on your interpretation of Roberto Matta's *The Onyx of Electra*.

1. a. Describe the shapes and colors used in this painting.

_____

_____

b. Describe the mood or atmosphere of *The Onyx of Electra*.

_____

_____

c. How would you describe this work to a friend who had never seen it?

_____

_____

2. Surrealist artists focus on dreams and the power of the subconscious mind. Is this a successful example of surrealism in your opinion? State your opinion and explain why you feel this way.

_____

_____

_____

_____

The Onyx of Electra (1944), Roberto Matta-Echaurren. Oil on canvas, 50⅛″ x 6″. The Museum of Modern Art, New York, NY. Anonymous Fund. (963.1979) Digital Image © The Museum of Modern Art/Licensed by Scala/Art Resource, NY.

Fine Art Activities

El Río Cachapoal, Antonio Smith

After serving in the military, Antonio Smith left his native Chile for Italy, where he studied under artist Charles Mated. Smith turned away from the traditional, classic art in his homeland and favored the European romantic style, which he brought back to Chile when he opened his art studio there. Smith created famous caricatures and used humor to critique politicians, but he is known best for his landscapes. These works reveal Smith's mastery of simplicity and great skill in depicting sky and backgrounds.

Study *El Río Cachapoal* by Antonio Smith, and answer the following questions.

1. a. One of Smith's trademarks is his simplicity in depicting landscapes. Is this evident in *El Río Cachapoal*? Give reasons for your answer.

_____

_____

b. Do you think the painting suggests depth?

_____

_____

2. When you look at *El Río Cachapoal*, do you focus on one object, or do your eyes move from one object to another? How does the artist want you to view the landscape?

_____

_____

_____

_____

_____

El Río Cachapoal (1870), Antonio Smith. Oil on canvas, 100 cm x 146 cm. Courtesy of Museo Nacional de Bellas Artes, Chile.

Fine Art Activities

Laguna de Aculeo, Onofre Jarpa

Onofre Jarpa is considered one of Chile's greatest landscape painters. His work often is compared to that of his predecessor, Antonio Smith. During his lifetime, Jarpa experimented with many popular styles, including romanticism, impressionism, and cubism. He is known especially for his natural, realistic use of color.

Study *Laguna de Aculeo* by Onofre Jarpa, and answer the questions below.

1. What effect does color have on the mood of this work? Study the use of color and describe the ways in which it influences mood in *Laguna de Aculeo*.

_____

_____

_____

_____

_____

2. What word would you use to describe *Laguna de Aculeo*? Discuss how the painting reflects Jarpa's vision of the Chilean landscape.

_____

_____

_____

_____

_____

_____

_____

Laguna de Aculeo (1878), Onofre Jarpa. Oil on canvas, 86 cm x 150 cm. Courtesy of Museo Nacional de Bellas Artes, Chile.

Fine Art Activities

The Florist (La florista), María Eugenia Terrazas

María Eugenia Terrazas was born in the Chilean beach resort town of Viña del Mar. She studied interior design and art history in Chile before taking a scholarship to study art in Italy, where she spent the next several years. Terrazas went on to teach watercolor painting and show her award-winning work in various exhibitions. Picturesque fields, flowers, and people characterize Terrazas's most famous pieces.

Study *The Florist (La florista)* by María Eugenia Terrazas, and answer the following questions.

1. The flower in the painting, where both figures are focused, is not centered. Why might this be?

   _____

   _____

   _____

   _____

2. If you were to create a painting with an object and two figures, what would your composition look like? Where would you place the object, and each figure?

   _____

   _____

   _____

   _____

The Florist (1995), María Eugenia Terrazas. Watercolor. Kactus Foto/SuperStock.

Fine Art Activities Answer Key

THE ONYX OF ELECTRA, ROBERTO MATTA, p. 69

1a. Answers will vary.

b. Answers will vary.

c. Answers will vary.

2. Answers will vary. Students should be able to explain why and how they arrived at their conclusions.

EL RÍO CACHAPOAL, ANTONIO SMITH, p. 70

1a. Answers will vary. Students should use aspects of the painting to support their answer.

b. Answers will vary. Possible answer: Yes. There are rocks and river water in the foreground and mountains that fade into the background.

2. Answers will vary. Possible answer: I first looked at the foreground where the river is, and then I followed the river to the back, right of the painting. Next my eyes followed the mountain ridges up to the sky and into the background.

LAGUNA DE ACULEO, ONOFRE JARPA, p. 71

1. Answers will vary. Students may note the cool blues and purples in the painting.

2. Answers will vary. Students should be able to point to specific aspects of the work in their answers.

THE FLORIST (LA FLORISTA), MARÍA EUGENIA TERRAZAS, p. 72

1. Answers will vary. Possible answer: It is important to create flow in a painting. The viewer's eyes should move over the painting; if something is in the middle, that object often becomes the only focal point.

2. Answers will vary. Possible answer: I would place the object all the way on the left and one figure would be in the back middle, and another would be in the right front, both looking toward the object.

Date: _____

Dear Family:

We are about to begin *Unidad 8* of the Level 3 *¡Avancemos!* program. It focuses on authentic culture and real-life communication using Spanish in southern South America. It practices reading, writing, listening, and speaking, and introduces students to culture typical of southern South America.

Through completing the activities, students will employ critical thinking skills as they compare the Spanish language and the culture of southern South America with their own community. They will also connect to other academic subjects, using their knowledge of Spanish to access new information. In this unit, students are learning to discuss and critique literature, talk about what they were doing in the past, link events and ideas, read and interpret a short play, talk about unplanned occurrences, and express opinions about a text. They are also learning about grammar—past progressive, conjunctions, **se** for unintentional occurrences, and review of the uses of the subjunctive.

Please feel free to call me with any questions or concerns you might have as your student practices reading, writing, listening, and speaking in Spanish.

Sincerely,

Family Involvement Activity

STEP 1

You will need paper and a pen or pencil. Gather your family together in a place where everyone can sit comfortably with no distractions.

STEP 2

Every family has stories about funny things that have happened to them. Talk with your family members and decide which one is your favorite and turn this moment into a play. If you can't think of a family story, use a favorite movie, television show, or story from a book.

STEP 3

Use the chart below to record all the elements of your play. Since this is a story that everyone in your family should know, you can improvise the script instead of memorizing a written one. Nevertheless, try to add to the story by reciting your lines in Spanish. Assign parts and spend a few minutes practicing your lines.

STEP 4

Perform the play with your family. Afterward, translate your lines into English for your family.

Actos	
Protagonista	
Contexto	
Antecedentes	
Desenlace	
Director(a)	

UNIDAD 8

Family Involvement Activity

76

Unidad 8
Family Involvement Activity

¡**Avancemos! 3**
Unit Resource Book

Absent Student Copymasters

Presentación / Práctica de vocabulario

Materials Checklist

☐ Student text

☐ TXT CD 15 tracks 1–2

☐ *Cuaderno* pages 344–346

☐ *Cuaderno para hispanohablantes* pages 344–347

☐ Did You Get It? Copymasters 1 and 2

☐ ClassZone.com

Steps to Follow

☐ Read **Presentación de vocabulario** aloud on pages 452 and 453.

☐ Read the words in the **Más vocabulario** box aloud.

☐ Listen to TXT CD 15 track 2 and do the **¡A responder!** at the end of page 453.

☐ Choose the right word to complete each sentence in **Actividad 1** on page 454.

☐ Follow the model and complete **Actividad 2**. Do the exercise in the **Expansión** box.

☐ Complete the table in **Actividad 3**.

☐ Complete *Cuaderno* pages 344, 345, and 346.
OR
Complete *Cuaderno para hispanohablantes* pages 344, 345, 346, and 347.

☐ Check your comprehension by completing the **Para y piensa** box on page 454.

☐ Complete Did You Get It? Copymasters 1 and 2.

If You Don't Understand . . .

☐ Listen to the CD as you follow along with the text.

☐ Look for the meaning of words you don't understand. Then use them to create new sentences.

☐ Rewrite the directions for the exercises in your own words.

☐ Use the Interactive Flashcards to practice the new vocabulary words.

☐ Keep a list to show your teacher your questions and doubts.

Absent Student Copymasters

UNIDAD 8 Lección 1

Absent Student Copymasters

Vocabulario en contexto

Materials Checklist

- ☐ Student text
- ☐ TXT CD 15 track 3
- ☐ Did You Get It? Copymasters 1 and 3

Steps to Follow

- ☐ Read **¡Avanza!** and **Estrategia: Leer** on page 455 before reading the text.
- ☐ Listen to TXT CD 15 track 3 as you read **Contexto 1**, **Micro cuento**.
- ☐ Complete **Actividades 4** and **5** on page 456. Do the **Expansión** section in **Actividad 5**.
- ☐ Read **Comparación cultural** and answer the questions in **Compara con tu mundo**.
- ☐ Check your comprehension by completing the **Para y piensa** box on page 456.
- ☐ Complete Did You Get It? Copymasters 1 and 3.

If You Don't Understand . . .

- ☐ Listen to the CD in a quiet place. Use your textbook for additional help.
- ☐ Reread the activity directions until you understand what to do.
- ☐ Reread the text if you cannot answer the activity questions.
- ☐ Write any questions or doubts you have for your teacher later.

Absent Student Copymasters

Presentación / Práctica de gramática

Materials Checklist

☐ Student text

☐ TXT CD 15 track 4

☐ *Cuaderno* pages 347–349

☐ *Cuaderno para hispanohablantes* pages 348–350

☐ Did You Get It? Copymasters 4–5, 10.

☐ ClassZone.com

Steps to Follow

☐ Read **¡Avanza!** and the English Grammar Connection on page 457.

☐ Study the grammar box.

☐ Complete the story by filling in the blanks in **Actividad 6** on page 458. Do the **Expansión** activity.

☐ Listen to TXT CD 15 track 4 while looking at the pictures in **Actividad 7**. Follow the model if you need help completing the exercise.

☐ Read your answers for **Actividad 8** aloud. Complete the **Expansión** exercise (p. 459).

☐ Practice the parts of both roles in **Actividad 9**.

☐ Complete *Cuaderno* pages 347, 348, and 349.
OR
Complete *Cuaderno para hispanohablantes* pages 348, 349, and 350.

☐ Check your comprehension by completing the **Para y piensa** box on page 459.

☐ Complete Did You Get It? Copymasters 4, 5, and 10.

If You Don't Understand . . .

☐ Reread the grammar box aloud.

☐ Use the Animated Grammar to help you understand.

☐ Use the Leveled Grammar Practice on the @Home Tutor.

☐ Check for spelling and grammar errors in your work.

☐ Make sure you read your answers aloud and check that you are saying what you wanted to say.

☐ Write down all questions you might have to show your teacher.

Absent Student Copymasters

Gramática en contexto

Materials Checklist

☐ Student text

☐ TXT CD 15 track 5

☐ Did You Get It? Copymasters 4 and 6

Steps to Follow

☐ Read ¡**Avanza!** and **Estrategia: Leer** on page 460.

☐ Listen to TXT CD 15 track 5 as you read **Contexto 2**, **Poema**.

☐ Answer the questions in **Actividad 10** (p. 461).

☐ Look at the pictures and expressions to create complete sentences in **Actividad 11**.

☐ Read your answers to **Actividad 12** aloud.

☐ Check your comprehension by completing the **Para y piensa** box on page 461.

☐ Complete Did You Get It? Copymasters 4 and 6.

If You Don't Understand . . .

☐ Listen to the CD in a quiet place. If you get lost, go back and play it again. Follow along with the text.

☐ Rewrite the instructions for the activities in your own words.

☐ Follow the models to do the activities.

☐ Make a list of words or expressions you don't understand to discuss with your teacher.

Absent Student Copymasters

Presentación / Práctica de gramática

Materials Checklist

- [ ] Student text
- [ ] TXT CD 15 track 6
- [ ] *Cuaderno* pages 350–352
- [ ] *Cuaderno para hispanohablantes* pages 351–354
- [ ] Did You Get It? Copymasters 7–8, 11.
- [ ] ClassZone.com

Steps to Follow

- [ ] Read the English Grammar Connection and study the grammar box on page 462.
- [ ] Follow the model to complete **Actividad 13** (p. 463).
- [ ] Fill in the blanks in **Actividad 14**. Do the **Expansión** exercise.
- [ ] Play both roles in **Actividad 15** (p. 464).
- [ ] Write the letter in **Actividad 16**. Read it aloud when you have finished.
- [ ] Read **Comparación cultural** and complete **Compara con tu mundo**.
- [ ] Listen to TXT CD 15 track 6 as you follow along in the **Pronunciación** acivity on p. 463.
- [ ] Complete *Cuaderno* pages 350, 351, and 352.
  OR
  Complete *Cuaderno para hispanohablantes* pages 351, 352, 353, and 354.
- [ ] Check your comprehension by completing the **Para y piensa** box on page 464.
- [ ] Complete Did You Get It? Copymasters 7, 8, and 11.

If You Don't Understand . . .

- [ ] Study the grammar box. Practice the grammar by using different verbs to make different sentences.
- [ ] Follow the models in the activities.
- [ ] Reread the instructions as many times as you need.
- [ ] Make sure your sentences make sense. Check for mistakes.
- [ ] Use the Animated Grammar to help you understand.
- [ ] Use the Leveled Grammar Practice on the @Home Tutor.
- [ ] Keep a list with questions to show to your teacher.

Absent Student Copymasters

Todo junto

Materials Checklist

- [ ] Student text
- [ ] *Cuaderno* pages 353–354
- [ ] *Cuaderno para hispanohablantes* pages 355–356
- [ ] TXT CD 15 track 7–9
- [ ] WB CD 4 tracks 21–24
- [ ] HL CD 2 tracks 25–28
- [ ] Did You Get It? Copymasters 7 and 9

Steps to Follow

- [ ] Read the **Resumen contextos 1 y 2** and **Estrategia: Escuchar** on page 465.
- [ ] Listen to TXT CD 15 track 7 as you read **Contexto 3**, **Diálogo** (pp. 465–466).
- [ ] Read the **También se dice** box and look for the expression in the text (p. 466).
- [ ] Listen to TXT CD 15 tracks 7, 8, and 9 to complete **Actividades 18** and **19** (pp. 466–467).
- [ ] Complete **Actividad 20**. Use the rubric to evaluate your work.
- [ ] Complete *Cuaderno* pages 353 and 354.
  OR
  Complete *Cuaderno para hispanohablantes* pages 355 and 356.
- [ ] Check your comprehension by completing the **Para y piensa** box on page 467.
- [ ] Complete Did You Get It? Copymasters 7 and 9.

If You Don't Understand . . .

- [ ] If you get lost, pause the CD and go back as many times as you need.
- [ ] Look for a quiet place to read the text while you listen to the CD.
- [ ] Pretend you are one of the friends in the **Diálogo**. Read your part aloud.
- [ ] Rewrite the directions for the activities in your own words.
- [ ] Make a list of problems you encounter to discuss with your teacher.

Absent Student Copymasters

Lectura literaria y Conexiones

Materials Checklist

☐ Student text

☐ TXT CD 15 track 10

Steps to Follow

☐ Read **¡Avanza!** and **Estrategia: Leer** on page 468. Then read **Vocabulario para leer** and **Nota cultural**.

☐ Listen to TXT CD 15 track 10 as you read **"Ardiente paciencia"** (pp. 469–471).

☐ Answer the questions in **A pensar** (pp. 469–470).

☐ Write the answers for the questions in **Reflexiona** on page 470.

☐ Check your comprehension by completing the **¿Comprendiste?** and **¿Y tú?** sections of the **Para y piensa** box on page 471.

☐ Read **Estaciones opuestas** on page 472.

☐ Do the search for the **Proyecto**. When you finish, show it to a friend or relative.

☐ Write your answers to the questions below the chart.

☐ Answer the questions in the **En tu comunidad** section. Do the research to complete the activity.

If You Don't Understand . . .

☐ Reread the story as many times as you need.

☐ Read the footnotes to understand the new words. Once you understand their meanings, reread the paragraph.

☐ Read your answers aloud and make sure you are saying what you want to say.

☐ Keep a list of questions to discuss with your teacher.

☐ Study the information presented.

☐ Check for punctuation, spelling, and grammar mistakes.

Absent Student Copymasters

Repaso de la lección

Materials Checklist

☐ Student text

☐ *Cuaderno* pages 355–366

☐ *Cuaderno para hispanohablantes* pages 357–366

☐ TXT CD 15 track 11

☐ WB CD 4 tracks 25–30

Steps to Follow

☐ Read the **¡Llegada!** bullet points on page 474.

☐ Answer the questions in **Actividad 1** while listening to TXT CD 15 track 11.

☐ Match the two columns in **Actividad 2** and write complete sentences.

☐ Follow the model as you complete **Actividad 3** (p. 475).

☐ Fill in the blanks in **Actividad 4**. When you finish, read the story aloud.

☐ Answer the questions in **Comparación cultural (Actividad 5)**.

☐ Complete *Cuaderno* pages 355, 356, and 357.

☐ Complete *Cuaderno* pages 358, 359, and 360.
OR
Complete *Cuaderno para hispanohablantes* pages 357, 358, and 359–360.

☐ Complete *Cuaderno* pages 361, 362, and 363.
OR
Complete *Cuaderno para hispanohablantes* pages 361, 362, and 363.

☐ Complete *Cuaderno* pages 364, 365, and 366.
OR
Complete *Cuaderno para hispanohablantes* pages 364, 365, and 366.

If You Don't Understand . . .

☐ Listen to the CD. If you get lost, stop and play it again as many times as you need.

☐ Follow the models to complete the activities.

☐ Look back in your textbook if you don't remember something.

☐ After you finish, check your work. Look for spelling, punctuation, and grammar mistakes.

☐ Keep a list of questions you might have to ask your teacher later.

Nombre _____ Clase _____ Fecha _____

Absent Student Copymasters

Level 3 pp. 478–480

Presentación / Práctica de vocabulario

Materials Checklist

- [ ] Student text
- [ ] TXT CD 16 tracks 1–2
- [ ] *Cuaderno* pages 367–369
- [ ] *Cuaderno para hispanohablantes* pages 367–370
- [ ] Did You Get It? Copymasters 12–13.
- [ ] ClassZone.com

Steps to Follow

- [ ] Study the vocabulary words in **Presentación de vocabulario** (pp. 478–479).
- [ ] Read aloud the words in the **Más vocabulario** box.
- [ ] Listen to TXT CD 16 track 2 to do the **¡A responder!** activity on page 479.
- [ ] Fill in the blanks in **Actividad 1** (p. 480).
- [ ] Follow the model in **Actividad 2**. Use the words in the box to complete the sentences.
- [ ] Complete *Cuaderno* pages 367, 368, and 369.
  OR
  Complete *Cuaderno para hispanohablantes* pages 367, 368, 369, and 370.
- [ ] Check your comprehension by completing the **Para y piensa** box on page 480.
- [ ] Complete Did You Get It? Copymasters 12 and 13.

If You Don't Understand . . .

- [ ] Listen to the CD as many times as you need.
- [ ] Rewrite the activity directions using your own words.
- [ ] Use the model in **Actividad 2** to help you learn the new vocabulary words.
- [ ] Use the Interactive Flashcards to practice the new vocabulary in the lesson.
- [ ] Create a list of questions or doubts to ask your teacher.

UNIDAD 8 Lección 2   Absent Student Copymasters

Absent Student Copymasters

Vocabulario en contexto

Materials Checklist

☐ Student text

☐ TXT CD 16 track 3

☐ Did You Get It? Copymasters 12 and 14.

Steps to Follow

☐ Read ¡**Avanza!** and **Estrategia: Leer** on page 481.

☐ Listen to TXT CD 16 track 3 as you read part one of **Colón agarra viaje a toda costa** in **Contexto 1**.

☐ Follow the models to complete **Actividades 4** and **5**. Do the **Expansión** activity (p. 482).

☐ Read **Comparación cultural**. Answer the questions in **Compara con tu mundo**.

☐ Check your comprehension by completing the **Para y piensa** box on page 482.

☐ Complete Did You Get It? Copymasters 12 and 14.

If You Don't Understand . . .

☐ Make sure you are in an area where you can concentrate.

☐ Listen to the CD as you read the text in your book. Stop the CD if you get lost.

☐ Review the directions for the activities. Rewrite them in your own words.

☐ Read aloud everything you write. Be sure you understand what you are reading.

☐ If you have any questions, write them down so you can ask your teacher later.

Absent Student Copymasters

Presentación / Práctica de gramática

Materials Checklist

☐ Student text

☐ TXT CD 16 track 4

☐ *Cuaderno* pages 370–372

☐ *Cuaderno para hispanohablantes* pages 371–373

☐ Did You Get It? Copymasters 15–16.

☐ ClassZone.com

Steps to Follow

☐ Study the grammar box on page 483.

☐ Practice the parts of both roles in **Actividad 6** (p. 484).

☐ Look at the pictures in **Actividad 7**. Complete the sentences with the correct verb.

☐ Listen to TXT CD 16 track 4 and look at the pictures to complete **Actividad 8** (p. 485).

☐ Read the advertisement and answer the questions in **Actividad 9**.

☐ Complete *Cuaderno* pages 370, 371, and 372.
OR
Complete *Cuaderno para hispanohablantes* pages 371, 372, and 373.

☐ Check your comprehension by completing the **Para y piensa** box on page 485.

☐ Complete Did You Get It? Copymasters 15 and 16.

If You Don't Understand . . .

☐ Read the grammar box as many times as you need.

☐ Use the Animated Grammar to help you understand.

☐ Use the Leveled Grammar Practice on the @Home Tutor.

☐ Rewrite the directions for the activities in your own words.

☐ Write the models on your paper. Try to follow them in your answers.

☐ Complete the activities you know best before doing the others.

☐ If you need a partner to complete an activity, practice both parts.

☐ Write any questions you have to discuss with your teacher.

Absent Student Copymasters

UNIDAD 8 Lección 2

Absent Student Copymasters

Gramática en contexto

Materials Checklist

- ☐ Student text
- ☐ TXT CD 16 track 5
- ☐ Did You Get It? Copymasters 15, 17, and 21.

Steps to Follow

- ☐ Read **¡Avanza!** and **Estrategia: Leer** on page 486.
- ☐ Read part two of **Colón agarra viaje a toda costa** in **Contexto 2**. Listen to TXT CD 16 track 5 as you follow along in the text.
- ☐ Answer the questions in **Actividad 10** (p. 487). Read your answers aloud.
- ☐ Practice the parts of both roles in **Actividades 11** and **12**. Do the **Expansión** activity.
- ☐ Check your comprehension by completing the **Para y piensa** box on page 487.
- ☐ Complete Did You Get It? Copymasters 15, 17, and 21.

If You Don't Understand . . .

- ☐ Listen to the CD as you follow along in the textbook. If you get lost, stop the CD and start over again.
- ☐ Reread the directions for the activities until you understand what to do.
- ☐ Read your answers aloud to be sure that what you are saying makes sense.
- ☐ Check for mistakes in your work.
- ☐ If you need a partner to complete the activity, practice both parts.
- ☐ Write down any questions or doubts you have to discuss with your teacher.

Absent Student Copymasters

Presentación / Práctica de gramática

Materials Checklist

☐ Student text

☐ TXT CD 16 track 6

☐ *Cuaderno* pages 373–375

☐ *Cuaderno para hispanohablantes* pages 374–377

☐ Did You Get It? Copymasters 18–19, and 22.

☐ ClassZone.com

Steps to Follow

☐ Read the English Grammar Connection and the grammar box on page 488.

☐ Complete **Actividades 13**, **14**, and **15** (pp. 489–490).

☐ Read **Comparación cultural** in **Actividad 16** and do the **Compara con tu mundo** (p. 490).

☐ Listen to TXT CD 16 track 6 as you follow along in the **Pronunciación** activity on page 489.

☐ Complete *Cuaderno* pages 373, 374, and 375.
OR
Complete *Cuaderno para hispanohablantes* pages 374, 375, 376, and 377.

☐ Check your comprehension by completing the **Para y piensa** box on page 490.

☐ Complete Did You Get It? Copymasters 18, 19, and 22.

If You Don't Understand . . .

☐ Use the Animated Grammar to help you understand.

☐ Use the Leveled Grammar Practice on the @Home Tutor.

☐ Listen to the CD as you follow along in the book.

☐ Read the directions for the activities aloud until you understand what to do.

☐ Follow the models in the activities.

☐ Read aloud everything you have written and look for mistakes.

☐ If an activity has parts for two people, practice both parts.

☐ Make a list of problems or questions to ask your teacher.

Absent Student Copymasters

Todo junto

Materials Checklist

- [ ] Student text
- [ ] *Cuaderno* pages 376–377
- [ ] *Cuaderno para hispanohablantes* pages 378–379
- [ ] TXT CD 16 tracks 7–9
- [ ] WB CD 4 tracks 31–34
- [ ] HL CD 2 tracks 29–32
- [ ] Did You Get It? Copymasters 18 and 20.

Steps to Follow

- [ ] Read the **Resumen contextos 1 y 2** and **Estrategia: Escuchar** on page 491.
- [ ] Listen to TXT CD 16 track 7 as you read part three of **Colón agarra viaje a toda costa** in **Contexto 3** (pp. 491–492).
- [ ] Study the **También se dice** box on page 492. When you find the expression in the text, replace it with one of the options presented.
- [ ] Complete **Actividades 17, 18,** and **19**. Listen to TXT CD 16 tracks 7, 8, and 9 to complete **Actividades 17** and **19** (pp. 492–493).
- [ ] Read the directions to do **Actividad 20**. Check yourself using the rubric.
- [ ] Complete *Cuaderno* pages 376 and 377.
  OR
  Complete *Cuaderno para hispanohablantes* pages 378 and 379.
- [ ] Check your comprehension by completing the **Para y piensa** box on page 493.
- [ ] Complete Did You Get It? Copymasters 18 and 20.

If You Don't Understand . . .

- [ ] Follow along in the text when you are listening to the CD.
- [ ] Replay the CD as many times as you need to do the activities.
- [ ] Read your answers aloud and check for errors.
- [ ] Write the words you don't know on a separate paper and look for their meanings.
- [ ] Make a list of questions or doubts to discuss with your teacher.

Absent Student Copymasters

Lectura literaria y Conexiones

Materials Checklist

☐ Student text

☐ TXT CD 16 track 10

Steps to Follow

☐ Read **¡Avanza!** and **Estrategia: Leer** on page 494.

☐ Read the words in the **Vocabulario para leer** box.

☐ Read **Nota cultural** aloud on page 494.

☐ Listen to TXT CD 16 track 10 as you read part four of **Colón agarra viaje a toda costa** (pp. 495–497). Read the footnotes to help you understand the words and phrases you don't know.

☐ Answer the questions in **A pensar** (pp. 495–496).

☐ Answer the **Reflexiona** question on page 496.

☐ Check your comprehension by completing the **¿Comprendiste?** and **¿Y tú?** sections of the **Para y piensa** box on page 497.

f You Don't Understand . . .

☐ Read the story in an area where you can concentrate.

☐ Reread any part you don't understand as many times as you need.

☐ Read the part of one of the characters aloud.

☐ Study the footnotes. Then read the story again.

☐ Make a list with problems you encounter to talk about with your teacher.

Absent Student Copymasters

UNIDAD 8 Lección 2

Absent Student Copymasters

Escritura

Materials Checklist

☐ Student text

Steps to Follow

☐ Read **Mi autobiografía** on page 498.

☐ Make a list as directed in **Prepárate para escribir**.

☐ Follow the steps in **Escribe**.

☐ Check your work when you are finished, in **Revisa tu composición**.

If You Don't Understand . . .

☐ Read your answers aloud and make sure that everything you are trying to say makes sense.

☐ Check for punctuation, spelling, and grammar mistakes

☐ Write down any problems or questions you have to ask your teacher later.

Absent Student Copymasters

Repaso de la lección

Materials Checklist

☐ Student text

☐ *Cuaderno* pages 378–389

☐ *Cuaderno para hispanohablantes* pages 380–389

☐ TXT CD 16 track 11

☐ WB CD 4 tracks 35–40

Steps to Follow

☐ Read the bullet points under **¡Llegada!** on page 500.

☐ Listen to TXT CD 16 track 11 to complete **Actividad 1**.

☐ Choose the right word to complete each sentence in **Actividad 2**. Read your answers aloud.

☐ Look at the pictures and use the model to complete **Actividad 3** (p. 501).

☐ Select the correct form of the verbs in **Actividad 4**. When you finish, check for errors.

☐ Answer the questions in **Comparación cultural** on page 501.

☐ Complete *Cuaderno* pages 378, 379, and 380.

☐ Complete *Cuaderno* pages 381, 382, and 383.
OR
Complete *Cuaderno para hispanohablantes* pages 380, 381, and 382–383.

☐ Complete *Cuaderno* pages 384, 385, and 386.
OR
Complete *Cuaderno para hispanohablantes* pages 384, 385, and 386.

☐ Complete *Cuaderno* pages 387, 388, and 389.
OR
Complete *Cuaderno para hispanohablantes* pages 387, 388, and 389.

If You Don't Understand . . .

☐ Stop the CD and go back if necessary. Listen as many times as you need.

☐ Do the easiest activities before completing the activities that are more difficult.

☐ If you don't remember something, go back over the lesson.

☐ Make sure that what you are writing makes sense. Read your answers aloud.

☐ Rewrite the answers if they don't make sense.

☐ Make a list with all the questions you have to discuss with your teacher.

Absent Student Copymasters

Comparación cultural

Materials Checklist

- ☐ Student text
- ☐ TXT CD 16 track 12
- ☐ *Cuaderno* pages 390–392
- ☐ *Cuaderno para hispanohablantes* pages 390–392

Steps to Follow

- ☐ Read and follow the instructions in **Lectura y escritura** on page 502.
- ☐ Complete the steps mentioned on page 502. Look at the chart and use it to complete the activity.
- ☐ Write the answers for the questions in the **Compara con tu mundo** section.
- ☐ Listen to TXT CD 16 track 12 as you read **Cuna de autores famosos** on page 503.
- ☐ Complete *Cuaderno* pages 390, 391, and 392.
- ☐ Complete *Cuaderno para hispanohablantes* pages 390, 391, and 392.

If You Don't Understand . . .

- ☐ Listen to the CD in a quiet place.
- ☐ Reread the two stories in your textbook as many times as you need.
- ☐ Rewrite the instructions for the activities in your own words.
- ☐ Look for spelling, grammar, and punctuation mistakes after you finish your work.
- ☐ Make a list of the problems you encounter to discuss with your teacher.

Absent Student Copymasters

Repaso inclusivo

Materials Checklist

☐ Student text

☐ TXT CD 16 track 13

Steps to Follow

☐ Listen to the TXT CD 16 track 13 and answer the questions for **Actividad 1** on page 506.

☐ Complete **Actividades 2** and **3**. Read your work aloud (p. 506).

☐ Do only your part for **Actividad 4** (p. 507).

☐ Write the letter indicated in **Actividad 5**.

☐ Use complete sentences in your answers for **Actividad 6**. Read them aloud.

☐ Do **Actividad 7** aloud.

If You Don't Understand . . .

☐ Listen to the CD as many times as you need.

☐ If you don't remember something, go back in your textbook and look at the unit topics.

☐ Reread the directions until you are sure that you understand what to do.

☐ Check for mistakes by reading your work aloud.

☐ Keep a list of questions to discuss with your teacher later.